역사순 365일 하나님과 동행하는 말씀대행진

1년1독 성경통독

1권(1~3월)

조병호 지음

통독원

C·O·N·T·E·N·T·S

1월 January

2월 February

날짜	순서	범위	제목
1	32	출 39-40장	성막의 완성과 봉헌
2	33	레 1-5장	더 깊은 만남을 위한 다섯 가지 제사 절차
3	34	레 6-7장	제사의 규례
4	35	레 8-10장	새로운 리더십
5	36	레 11-13장	건강을 위한 배려
6	37	레 14-15장	생명을 위한 배려
7	38	레 16-17장	제사장의 역할과 사명
8	39	레 18-20장	거룩한 사랑
9	40	레 21-22장	공동체를 돌보는 제사장
10	41	레 23-25장	아름다운 절기문화
11	42	레 26-27장	순종과 불순종에 대한 언약
12	43	민 1-2장	첫 번째 인구조사와 진 편성-약속의 성취
13	44	민 3-4장	구별된 레위 지파 계수
14	45	민 5-6장	구별과 헌신
15	46	민 7-8장	열두 지파가 드린 예물
16	47	민 9장-10:10	출발을 위한 최종 준비
17	48	민 10:11-12장	시내 산에서 가데스까지의 진군
18	49	민 13-14장	가나안 정탐과 출애굽세대의 선택
19	50	민 15-17장	이스라엘의 불순종과 하나님의 은혜
20	51	민 18-19장	제사장과 레위인의 사명
21	52	민 20-21장	가나안에 갈 수 없게 된 모세
22	53	민 22-25장	하나님 군대의 명성
23	54	민 26-27장	두 번째 인구조사-약속의 땅을 위한 준비
24	55	민 28-30장	거룩한 절기와 제사
25	56	민 31-32장	모세와 요단 동편 땅들
26	57	민 33-36장	이스라엘의 여정과 도피성
27	58	신 1-2장	광야 여정에 대한 회고와 반성 1
28	59	신 3-4장	광야 여정에 대한 회고와 반성 2

3월 March

날짜	순서	범위	제목
1	60	신 5–6장	하나님을 사랑하라는 모세의 당부
2	61	신 7–9장	명령과 순종
3	62	신 10–11장	하나님의 요구
4	63	신 12–14장	다시 들려주는 율법
5	64	신 15–17장	절기와 송사
6	65	신 18–21장	약속의 땅을 위한 규례
7	66	신 22–26장	거룩한 백성을 위한 법
8	67	신 27–28장	언약에 따른 복과 저주
9	68	신 29–30장	언약의 갱신
10	69	신 31–32장	역사와 미래
11	70	신 33–34장, 시 90편	모세의 축복과 죽음
12	71	수 1–2장	여호수아와 만나세대
13	72	수 3–5장	믿음으로 내딛는 약속의 땅
14	73	수 6–8장	만나세대의 믿음에 따른 전쟁의 승패
15	74	수 9–12장	이스라엘의 승전 기록
16	75	수 13–17장	합당한 분배와 특권
17	76	수 18–19장	복으로 받은 삶의 터전
18	77	수 20–22장	도피성과 레위인의 성읍
19	78	수 23–24장	여호수아의 유언
20	79	삿 1장–2:10	남겨진 과제
21	80	삿 2:11–5장	이스라엘의 사사들
22	81	삿 6–7장	기드온과 3백 용사
23	82	삿 8–9장	기드온과 그 아들 아비멜렉
24	83	삿 10–12장	진정한 지도자가 없다
25	84	삿 13–16장	나실인 삼손
26	85	삿 17–18장	기초가 무너진 사회
27	86	삿 19–21장	원칙 없는 문제 해결
28	87	룻 1–4장	아름다운 율법의 구현
29	88	삼상 1–3장	준비되는 사무엘
30	89	삼상 4–7장	사무엘의 말씀 개혁운동
31	90	삼상 8–10장	제사장 제도와 왕정 제도

소그룹 예배 Worship

1

January

January

1/1

1

창세기 ― 말라기

창세기 1~2장

천지창조-심히 좋으신 하나님의 마음

Tong Point 최초의 진정한 설계자이시며 디자이너이신 창조주 하나님께서 창조의 설계도를 펴시며 기뻐하십니다.

찬양

주 하나님 지으신 모든 세계
새 찬송가 79장 〈통 40장〉

하나님의 마음 보기

66권이자 동시에 한 권이고, 살아계신 하나님의 말씀이자 문명을 뛰어넘는 '기적의 책' 인 성경의 첫 번째 책이 바로 창세기입니다. 때문에 성경 66권 가운데 창세기는 가장 가슴 벅차고 감격스러운 책이라 할 수 있습니다. 창세기가 특별한 이유 가운데 하나는 하나님께서 심히 좋아하시는 장면을 우리가 직접 만나볼 수 있기 때문입니다. 창세기 1장과 2장에서는 모든 만물과 그 가운데 특히 하나님의 형상을 닮은 사람을 지으시고 심히 좋아하셨던 하나님의 마음이 잘 나타나 있습니다. 하나님께서 생물들을 창조하실 때에 그 모습은 '종류대로' 입니다. 때문에 이 세상에는 다종다양한 생물들이 서로 어우러져 조화롭게 살아가고 있습니다. 그리고 사람을 창조하신 하나님께서는 아담을 위해 그를 돕는 배필, 하와를 지으셔서 서로 연합하여 한 몸이 되게 하셨습니다.

창세기 1장과 2장을 통해 우리는 온 우주만물을 창조하시고 심히 기뻐하셨던 하나님의 마음을 헤아릴 수 있습니다. 하나님의 형상을 닮은 우리가 하나님의 기쁨이라는 사실에 감사와 감격이 넘칩니다. 부족한 나도 하나님의 작품 중에 작품, 즉 걸작품입니다.

각 장의 중요 Point

1장 _ 하나님의 표정지수
2장 _ 하나님의 일, 아담의 일

나를 위한 기도

온 세상 만물을 만드시고 좋아하셨던 하나님의 마음을 깨달아 알게 하시고 하나님의 복된 피조물로 늘 승리하게 하소서.

공동체를 위한 기도

이 나라와 민족이 최초의 진정한 설계자이시며 디자이너이신 창조주 하나님을 고백하며, 창조질서를 회복해가기를 원합니다.

전도대상을 위한 기도

하나님의 마음 알아가기

삶으로 실천하기

January
1/2
2

창세기 말라기

창세기 3~5장

인간의 타락과 하나님의 구원 계획

Tong Point 불순종한 아담과 하와는 에덴동산에서 쫓겨나고, 가인이 아벨을 죽이는 인류 최초의 살인사건이 발생합니다.

찬양

하나님의 크신 사랑
새 찬송가 15장 〈통 55장〉

하나님의 마음 보기

하나님께서 지으신 아름다운 에덴동산에서 함께 살던 아담과 하와가 그만 뱀의 유혹에 빠져 하나님께서 먹지 말라고 하셨던 선악과를 먹고 맙니다. 그리고 그들은 스스로 부끄러워 하나님에게서 숨어버립니다. 하나님께서는 아담과 하와를 찾아오셔서 하나님의 말씀을 지키지 않은 이유를 물으십니다. 그런데 안타깝게도 아담과 하와가 책임을 회피하며 오히려 자신들이 잘못한 이유를 다른 곳에서 찾아 하나님께 대답합니다. 그러자 공의의 하나님께서는 아담과 하와 그리고 뱀에 대해 잘못을 처벌하시며, 에덴동산에서 아담과 하와를 내쫓으십니다. 그리고 에덴동산에 선악과와 함께 있었던 생명나무의 길을 그룹들과 두루 도는 불 칼을 두어 지키게 하십니다. 이는 죄지은 아담과 하와가 영원히 살지 않고 하나님의 말씀대로 죽게 하기 위함이셨습니다.

하나님께서는 아담과 하와를 에덴동산에서 나가게 하셨지만 그들을 위해 가죽 옷을 지어 입혀주십니다. 또한 그 가정에 가인과 아벨, 그리고 가인이 아벨을 죽인 사건 이후에는 셋을 태어나게 해주시며, 그 가문이 셋을 통해 노아와 그의 아들들로까지 이어가도록 해주십니다.

각 장의 중요 Point

3장 _ 생명과 사망
4장 _ 죄를 다스릴 수 있는 힘
5장 _ 족보 – 대대로 이어지는 하나님의 축복

나를 위한 기도

하나님께서 명령하신 말씀을 겸손함과 두려움으로 지키게 하시고 세상의 달콤한 유혹으로부터 자유하게 하소서.

공동체를 위한 기도

인간의 타락과 죄악에도 불구하고 구원의 은총으로 우리 인생들을 이끄시는 하나님의 놀라운 사랑을 온 세상에 전하는 공동체가 되기를 원합니다.

전도대상을 위한 기도

하나님의 마음 알아가기

삶으로 실천하기

January
1/3

3

창세기 ―――――――――――――――― 말라기

창세기 6~9장

노아 홍수-하나님의 눈물

Tong Point 죄악이 가득 찬 세상을 하나님께서 홍수로 심판하실 때, 의인 노아의 가족은 하나님의 은혜로 방주를 만들고 구원받습니다.

찬양

물위에 생명줄 던지어라
새 찬송가 500장 〈통 258장〉

하나님의 마음 보기

에덴동산에서 일어난 아담과 하와의 죄에 이어 가인이 아벨을 죽인 사건, 그 후에 계속 이어진 인간들의 죄악이 세상에 가득하게 되고 말았습니다. 더 나아가 인간들이 마음으로 생각하는 모든 계획까지도 악하게 되었습니다. 그러자 이 모습을 지켜보신 하나님께서 한탄하고 근심하신 것입니다. '태초에' (in the beginning) 온 우주만물, 하나님의 형상을 닮은 인간을 창조하시고 심히 기뻐하고 좋아하셨던 하나님의 모습과 극명하게 대조됩니다. 결국 하나님께서는 직접 창조하신 사람들을 땅에서 모두 쓸어버리시기로 결심하십니다. 그러면서 하나님께서는 하나님의 은혜를 입은 한 사람 노아를 선택하십니다. 노아는 하나님께서 지시하신 대로 방주를 짓고, 8명의 가족과 이 땅에 계속해서 살아가야 할 짐승들이 방주 안으로 들어가 홍수 가운데 살아남게 됩니다.

노아 시대의 이 사건은 큰 깊음의 샘들이 터지며 세상을 뒤덮을 만큼의 비가 쏟아진 사건입니다. 그 많은 비는 세상을 심판하는 도구였으나, 그 비의 내용은 하나님의 한탄과 근심이 모두 합쳐진 하나님의 눈물이었습니다. 그나마 하나님의 눈물을 닦아드리고 싶어 했던 한 사람 노아가 있어서 다행이었습니다.

각 장의 중요 Point

6장 _ 어쩔 수 없는 선택
7장 _ 먹구름 낀 하나님의 마음
8장 _ 물이 점점 감하여
9장 _ 새로운 시작

나를 위한 기도

오늘도 하나님께서 지으라고 말씀하시는 믿음의 방주를 위해 온 열정과 땀과 수고를 다하게 하소서.

공동체를 위한 기도

하나님의 가슴에 흐르는 눈물을 땀으로 흘려냈던 노아처럼, 이 시대를 향하신 하나님의 마음을 땀과 눈물로 흘려내는 교회 공동체가 되게 하소서.

전도대상을 위한 기도

하나님의 마음 알아가기

삶으로 실천하기

January 1/4

4

창세기 … 말라기

창세기 10~11장

생육하고 번성하여 흩어지는 민족

Tong Point 노아의 후손들은 하나님의 약속대로 생육하고 번성하였으며, 바벨탑 사건을 통해 지면 곳곳으로 흩어지게 됩니다.

찬양

내 주 하나님 넓고 큰 은혜는
새 찬송가 302장 〈통 408장〉

하나님의 마음 보기

창세기 10장은 어느 한두 구절이 아닌 전체에 모두 다 밑줄을 그어야 할 아름답고 귀한 말씀입니다. 창세기 10장에 등장하는 노아 후손들의 족보는 하나님의 은혜를 입은 사람들의 이름들이기 때문입니다. 노아 시대의 홍수로 인해 노아의 가족 외에 그 당시 세상 사람들은 모두 죽었습니다. 그들의 죄악과 악한 생각들 때문이었습니다. 그런데 하나님의 은혜를 입은 노아의 가문은 홍수 가운데에서도 살아남아 족보를 남기고, 놀랍게도 그들의 이름이 성경에 기록된 것입니다. 또한 창세기 10장의 족보는 창세기 9장에서 홍수 후에 하나님께서 노아에게 "생육하고 번성하여 땅에 충만하라"(창 9:1)고 복 주신 말씀이 땅에 떨어지지 않고 실현된 증거입니다. 때문에 하나님의 약속은 일곱 색깔 무지개처럼 아름답습니다.

그런데 이어지는 창세기 11장은 또다시 안타까움입니다. 하나님의 은혜 가운데 다시 번성하게 된 사람들이 '바벨'이라는 이름의 높은 탑을 쌓고 자신들의 이름을 내어 땅에서 흩어짐을 면하려고 시도한 것입니다. 하지만 하나님께서 사람들의 언어를 혼잡하게 하셔서 오히려 사람들은 온 땅에 흩어져 살게 됩니다.

각 장의 중요 Point

10장 _ 복 주심의 결과들
11장 _ 흩어짐 속에서의 선택

나를 위한 기도

하나님의 약속과 은혜 안에서 번성하는 인생이 되게 하시고 맡겨주신 귀한 사명을 위해 땅 끝까지 겸손한 마음과 자세로 나아가게 하소서.

공동체를 위한 기도

우리 민족이 '하나님의 약속은 결코 허공에 흩어지지 않고 역사 속의 현실이 된다'는 놀라운 사실을 깨달아 알아가게 하소서.

전도대상을 위한 기도

하나님의 마음 알아가기

삶으로 실천하기

January
1/5
5

창세기 말라기

창세기 12~14장

하나님의 약속과 아브람의 순종

Tong Point 자손과 땅에 대한 하나님의 약속, 그에 대한 아브람의 순종은 하나님의 역사 운행의 중요한 기초가 됩니다.

찬양

이 눈에 아무 증거 아니 뵈어도
새 찬송가 545장 〈통 344장〉

하나님의 마음 보기

창세기 1장에서 11장까지의 원역사(primeval history : 역사 이전의 역사)가 끝나고, 창세기 12장부터는 때와 장소 그리고 일어난 사건을 구체적으로 서술할 수 있는 역사(history)가 본격적으로 시작됩니다. 이스라엘의 4명의 족장 가운데 한 사람이고, 무엇보다 '믿음의 조상'이라는 명예로운 별칭을 가진 아브라함 이야기가 시작된 것입니다. 하나님께서는 아브람을 선택하시어 고향과 친척과 아버지 집을 떠나 하나님께서 보여주시는 새로운 곳으로 가라고 명령하십니다. 그리고 아브람의 후손들이 큰 민족을 이루게 될 것이며, 아브람의 이름이 창대케 되어 그가 복의 근원이 될 것이라는 놀라운 말씀을 주십니다. 아브람은 하나님의 말씀을 듣고 순종하였고, 그 발걸음에 아브람의 조카 롯도 동행하게 됩니다.

갈대아 우르에서 하란을 거쳐 가나안에 정착하게 된 아브람은 그곳에서 큰 재물을 얻게 되고, 그 많은 재물로 인해 롯과 헤어져 살게 됩니다. 그런데 롯이 선택한 소돔과 고모라가 전쟁에 휩싸이게 되고, 전쟁 노예로 잡혀갔던 롯을 아브람이 구해오는 일이 생깁니다. 그 사건으로 말미암아 물질의 노예가 되지 않고 물질의 주인이 될 수 있는 십일조가 시작되었습니다.

각 장의 중요 Point

12장 _ 순종 – 사건을 일으키는 힘
13장 _ 네가 좌하면 내가 우하리라
14장 _ 아브라함의 올바른 재물관

나를 위한 기도

하나님의 거룩한 부르심 앞에서 믿음으로 반응하게 하시고 주변 사람들을 골육처럼 아끼고 사랑하며 살게 하소서.

공동체를 위한 기도

하나님의 말씀에 순종하여 고향과 친척과 아버지의 집을 떠났던 아브람처럼, 하나님의 말씀에 믿음으로 순종하며 응답하는 공동체가 되기를 원합니다.

전도대상을 위한 기도

하나님의 마음 알아가기

삶으로 실천하기

January
1/6

6

창세기 말라기

창세기 15~17장

아브람의 기다림

Tong Point 아브람은 자손을 주시리라는 하나님의 약속을 믿고 기다렸으며, 하나님께서는 이러한 아브람의 믿음을 그의 의로 여기십니다.

찬양

주의 약속하신 말씀 위에서
새 찬송가 546장 〈통 399장〉

하나님의 마음 보기

하나님께서 주신 땅과 자손에 대한 약속을 믿으며 순종의 삶을 살아가던 아브람이 나이가 들어가는데도 자손이 생기기 않자 이 문제로 두려워했습니다. 그러자 하나님께서 아브람에게 찾아오셔서 "두려워하지 말라 나는 네 방패요 너의 지극히 큰 상급이니라"(창 15:1)고 말씀하셨습니다. 아브람은 고대 근동의 관습에 따라 자기 집안의 종인 다메섹 사람 엘리에셀을 상속자로 삼는 문제를 가지고 하나님께 아뢰었습니다. 그러나 하나님께서는 아브람의 몸에서 날 자가 아브람의 상속자라고 말씀하시며 분명한 하나님의 뜻을 드러내셨습니다. 그러자 자식이 생기지 않는 원인이 자신에게 있다고 생각한 사래가 당시 관습에 따라 자신의 여종 하갈을 통해 아브람의 자식을 태어나게 했습니다. 그러나 이것은 이후 그 가정에 더 큰 문제를 일으키고 맙니다.

하갈을 통해 이스마엘이 태어난 후, 아브람은 99세에 하나님과 언약을 맺고 할례를 행한 후 아브라함으로 이름이 바뀝니다. 사래는 사라가 됩니다. 이제 아브라함의 가정에는 하나님께서 예비하신 아들 이삭이 태어날 것입니다. 하나님의 뜻과 계획은 인간의 한계를 초월하시는 창조주 하나님의 힘과 능력으로 이루어집니다.

각 장의 중요 Point

15장 _ 변함없는 하나님의 약속
16장 _ 흔들리는 가정
17장 _ 아브라함의 하나님

나를 위한 기도

하나님께서 주신 약속을 믿고 기다리며 기도하는 사람이 되게 하시고 이를 통해 성숙한 그리스도인의 모습을 갖추게 하소서.

공동체를 위한 기도

우리 교회가 하나님의 약속을 신뢰하고 하나님의 때를 믿음으로 기다리며 나아가는 공동체가 되게 하소서.

전도대상을 위한 기도

하나님의 마음 알아가기

삶으로 실천하기

January
1/7

7

창세기 ——— 말라기

창세기 18~21장

복의 통로 아브라함

Tong Point 끝까지 심판을 유보하고 싶어 하시는 하나님의 마음을 헤아리며 기도하는 아브라함은 진정으로 복의 통로가 되는 사람이었습니다.

찬양

은혜가 풍성한 하나님은
새 찬송가 197장 〈통 178장〉

하나님의 마음 보기

아브라함은 하나님의 말씀에 순종하는 사람이었고, 나그네를 대접할 줄 아는 사람이었습니다. 그러한 아브라함의 집에 어느 날 3명의 나그네가 찾아옵니다. 융숭한 대접을 받은 나그네들은 1년 후에 아들이 태어날 것이라고 말했습니다. 그러나 이 일은 나이 많은 아브라함과 사라에게는 이미 불가능한 일이었습니다. 사라가 웃었을 정도입니다. 그러나 사라의 웃음은 1년 후에 진짜 웃음이 됩니다. '웃음'이라는 뜻의 아들 이삭이 태어났기 때문입니다. 아브라함의 집에 찾아왔던 나그네들은 하나님의 천사들이었습니다. 그 천사들은 또한 죄악이 가득한 소돔과 고모라의 멸망을 말했습니다. 소돔과 고모라의 죄가 너무 컸기 때문입니다. 아브라함은 하나님께 중보기도를 드리며 롯이 살고 있는 소돔과 고모라를 구하려 했으나, 그곳에는 의인 10명이 없어서 결국 하나님의 심판을 피할 수 없게 됩니다.

이삭이 태어나고, 하갈과 이스마엘은 아브라함의 집에서 나가게 됩니다. 그리고 아브라함은 아비멜렉과 브엘세바에서 언약을 맺습니다. 아비멜렉이 아브라함과 언약을 맺은 이유는 아브라함이 무슨 일을 하든지 하나님께서 늘 함께하고 계심을 알았기 때문입니다.

각 장의 중요 Point

18장 _ 택하신 이유
19장 _ 믿음과 삶의 수준
20장 _ 흔들리는 신앙인
21장 _ 일상적인 삶 속에서의 훈련

나를 위한 기도

하나님께서 세상을 향해 이루어 가시는 뜻을 깨달을 수 있는 영적 민감성을 가지고 중보의 사명을 감당케 하소서.

공동체를 위한 기도

어떻게든 심판을 유보하고 싶어 하시는 하나님의 마음을 헤아리며 이 시대와 사회를 보듬어 안아가는 공동체가 되게 하소서.

전도대상을 위한 기도

하나님의 마음 알아가기

삶으로 실천하기

Worship
소그룹예배

새로운 시작

창세기 1-21장

기도로 예배를 시작합니다.

이 시간, 우리가 함께 모여 하나님께 드리는 이 예배를 기뻐 받아주시고, 예배드리는 가운데 하나님의 마음과 뜻을 깨달아 알 수 있도록 지혜를 주소서.

함께 **찬양**을 부르세요.

"참 아름다워라" 새 찬송가 478장(통 78장)

성경을 **소리 내어** 함께 읽고 오늘 본문의 **통通 이야기**를 들려주세요.

* 창세기 1장 26-31절

창세기 1장을 통해서 가장 많이 나오는 단어는 "좋았더라"라는 단어입니다. 그리고 하나님은 인간에게 복을 주시며 "생육하고 번성하여 땅에 충만하라, 땅을 정복하라, 바다의 물고기와 하늘의 새와 땅에 움직이는 생명을 다스리라"(창 1:28)라고 말씀하셨습니다.

말씀을 통해 알 수 있는 하나님의 마음을 생각하며 함께 마음을 나눕니다.

* 창세기 1장에서 천지를 창조하시고 심히 기뻐하셨던 하나님의 마음이 창세기 6장에서 어떻게 바뀌는지, 그 이유는 무엇인지 나눠봅시다.

* 하나님께서 만드신 것들을 소중히 여기며 아끼고 관리하는 사명을 우리에게 주셨습니다. 우리는 그 마음을 어떻게 간직하고 실천해야 할까요?

서로 축복의 말을 함께 나눕니다.

"우리는 하나님의 걸작품입니다."

함께 기도하며, 연이어 주님이 가르쳐주신 기도로 예배를 마칩니다.

사랑의 하나님, 온 세상을 창조하시고 나를 만드신 주님을 찬양합니다. 오늘 하루도 하나님의 마음을 느끼며 하나님께서 지으신 것과 사람들을 사랑하게 해주소서.

January
1/8
8

창세기 — 말라기

창세기 22~24장

하나님의 친구가 된 아브라함

Tong Point 요구사항 자체보다는, 요구하시는 하나님께 집중하며 그분을 신뢰했던 아브라함은 하나님과 통하는 친구가 됩니다.

찬양

하나님은 외아들을
새 찬송가 294장 〈통 416장〉

하나님의 마음 보기

하나님께서는 아브라함을 시험하신 일이지만, 아브라함에게는 하나뿐인 아들이삭을 하나님께 번제로 바치는 일이 눈앞의 현실이었습니다. 하나님께서는 "네 아들 네 사랑하는 독자 이삭"이라고 말씀하시며, 아브라함이 100세에 얻은 아들 이삭을 얼마나 사랑하고 있는지 알고 계심을 도드라지게 드러내셨습니다. 그런데 아브라함이 기대 이상으로 멋지게 이 시험을 통과합니다. 아브라함이 주저함 없이 하나님의 요구를 수용한 것은 그가 맹목적 신앙을 소유한 사람이어서도 아니고, 아들에 대한 사랑이 부족해서도 아닙니다. 그리고 아브라함에게 아들 이삭은 하나님의 약속의 증표였기 때문에 아브라함이 하나님께 얼마든지 여러 가지 이유를 들어 하나님의 요구에 저항할 수도 있었을 것입니다.

아브라함이 하나님의 요구를 수용한 것은 아들을 번제로 바치라는 그 내용에 집중한 것이 아니라, 요구하시는 분이 하나님이시라는 점에 주목했기 때문입니다. 그래서 아브라함이 하나님의 친구가 된 것입니다. 아브라함의 친구 하나님은 그 후에 아브라함의 후손들과 나아가 온 세상 사람들을 위해 정말로 당신의 아들을 십자가에 내어주셨습니다.

각 장의 중요 Point

22장 _ 이제야
23장 _ 이웃관계
24장 _ 손님 대접

나를 위한 기도

아브라함처럼 일평생 하나님과 동행하며 살면서 귀한 믿음의 친구들을 사귀고 함께 믿음의 길을 걷게 하소서.

공동체를 위한 기도

우리 공동체가 요구사항 자체보다는 요구하시는 하나님께 더욱 집중함으로 이 시대를 향한 복의 통로가 되기를 원합니다.

전도대상을 위한 기도

하나님의 마음 알아가기

삶으로 실천하기

January
1/9
9

창세기 말라기

창세기 25~27장

이삭의 양보하는 삶

Tong Point 하나님께 순종하며 온유한 마음으로 양보하는 이삭의 삶의 방식은 그를 통해 복의 약속을 이어가시는 하나님의 기쁨이었습니다.

찬양

예수 따라가며
새 찬송가 449장 〈통 377장〉

하나님의 마음 보기

아버지 아브라함이 죽자, 이제 이삭이 아브라함의 뒤를 이었습니다. 이삭 시대에도 아브라함 때처럼 흉년이 들었습니다. 아브라함의 방식대로라면 이삭도 흉년을 피해 잠시 삶의 장소를 옮기는 것이 지혜로운 일이었습니다. 그런데 하나님께서 이삭에게 흉년임에도 그곳을 떠나지 말라고 하십니다. 이삭은 하나님의 말씀에 순종합니다. 순종의 결과는 하나님께서 복 주심으로 100배 결실을 얻은 것이었습니다. 이삭이 점점 창대해서 거부가 되자 이삭을 시기하는 블레셋 사람들이 아브라함 때에 파 놓은 모든 우물을 흙으로 메워버렸습니다. 그래서 이삭이 거처를 그랄로 옮겨 우물을 파자 이번에는 그랄의 목자들과 이삭의 목자들이 우물을 가지고 다투는 일이 발생했습니다. 이삭은 또다시 다른 우물을 파면서 끝까지 그랄의 목자들과 다투지 않기 위해 애쓰며 온유함으로 참아냅니다.

이제 이삭도 나이가 들어 늙어가고 있었습니다. 그런데 에서가 40세에 헷 족속 아내를 맞이하면서 그 가정에 근심이 되더니, 에서와 야곱이 장자의 축복을 가지고 싸우는 일로 인해 결국 야곱이 외삼촌 라반이 살고 있는 하란으로 도망해야 하는 일까지 일어나게 됩니다.

각 장의 중요 Point

25장 _ 약속과 성취의 거리
26장 _ 순종이 열매를 맺으면
27장 _ 기본 원칙

나를 위한 기도

사람들과의 관계에서 생기는 갈등을 원만하게 풀어갈 수 있는 온유한 성품과 신앙을 주셔서 하나님께 큰 영광을 돌리게 하소서.

공동체를 위한 기도

우리 교회가 하나님께 순종하며 이웃에게 양보했던 이삭의 삶의 방식을 본받아 하나님과 이웃의 기쁨이 되게 하소서.

전도대상을 위한 기도

하나님의 마음 알아가기

삶으로 실천하기

January
1/10

10

창세기 말라기

창세기 28~30장

하란으로 도망간 야곱

Tong Point 하나님의 언약은 형을 피해 도망가는 야곱에게 이어지고, 하나님께서는 하란으로 가는 야곱에게 임마누엘의 약속을 주십니다.

찬양

내 주를 가까이 하게 함은
새 찬송가 338장 <통 364장>

하나님의 마음 보기

형 에서를 피해 도망하는 야곱에게 이삭은 아내를 가나안 여인 가운데에서 맞이하지 말고 외삼촌 라반의 딸 중에서 맞이하라는 부탁을 합니다. 그리고 이삭은 야곱을 축복하고, 야곱이 에서로부터 해를 당하지 않도록 외삼촌 집으로 피신시킵니다. 이 사실을 안 에서가 더 어긋나가며 일부러 이스마엘에게 가서 이스마엘의 딸을 후처로 맞이합니다. 이것은 아브라함에서 이삭으로 이어진 이 가문의 계보가 에서가 아닌 야곱으로 이어짐을 의미합니다. 브엘세바를 거쳐 하란으로 가던 중 야곱은 꿈에 하나님을 만나고, 하나님의 복을 받습니다.

하란에 도착해 외삼촌 집에 살게 된 야곱은 그곳에서 외삼촌의 딸 가운데 라헬을 사랑하게 되지만, 외삼촌의 뜻대로 외삼촌의 두 딸 레아와 라헬을 모두 아내로 맞이하게 됩니다. 또한 레아와 라헬의 여종들까지 야곱의 아내가 됩니다. 그렇게 야곱이 하란에서 살아가는 가운데 라반이 야곱과 정한 품삯을 여러 번 바꾸며 약속을 지키지 않는 일이 일어났습니다. 그러자 자신의 재산을 늘리기 위해 야곱은 라반과 새로운 계약을 체결하고 목축업을 통해 큰 부를 가지게 됩니다.

각 장의 중요 Point

28장 _ 아브라함의 하나님 이삭의 하나님
29장 _ 속이는 자와 속는 자
30장 _ 갈등에 갈등은 더하여 가고

나를 위한 기도

늘 경쟁이 치열한 삶 속에서 올바른 경쟁의 방법을 알게 하시고 믿음의 선택을 해나가게 하소서.

공동체를 위한 기도

하란을 향해 가던 중, 지쳐 쓰러져 잠든 야곱에게 찾아오셔서 보여주신 하나님의 사랑이 이 시대의 상처받은 영혼들에게도 임하시길 원합니다.

전도대상을 위한 기도

하나님의 마음 알아가기

삶으로 실천하기

January
1/11

11

창세기 | 말라기

창세기 31~33장

가나안으로 돌아온 야곱

Tong Point 20년의 하란 생활을 뒤로하고 가나안으로 돌아온 야곱은 하나님의 은혜 가운데 형 에서와 만나 극적인 화해를 이룹니다.

찬양

자비하신 예수여
새 찬송가 395장 〈통 450장〉

하나님의 마음 보기

야곱이 형 에서를 피해 하란으로 도망한 지 20여 년의 세월이 지났습니다. 하란에서 야곱은 가정도 꾸리고, 많은 재산도 가지게 되었습니다. 그런데 야곱의 재산이 많아지자 라반의 아들들은 마치 야곱이 라반의 재산을 빼앗은 것처럼 여겼고, 라반도 야곱을 대하는 태도가 달라졌습니다. 그때 하나님께서 야곱에게 "네 조상의 땅 네 족속에게로 돌아가라"(창 31:3)고 말씀하십니다. 그러자 야곱이 온 가족들과 목축들을 이끌고 가나안으로 향합니다. 이 사실을 알게 된 라반이 야곱을 뒤쫓지만 하나님께서 라반에게 나타나셔서 야곱의 길을 막지 말고, 야곱과 잘잘못을 따지지 말 것을 말씀하십니다. 이같은 하나님의 도우심으로 야곱은 라반과 오히려 언약을 맺고, 축복하며 작별 인사를 나눌 수 있게 됩니다.

야곱은 형 에서에게 예물을 보내고, 에서를 만날 준비를 합니다. 야곱은 에서를 만나러 가던 중 나루에서 하나님이 보내신 자와 씨름을 하여 이기고, 이름이 이스라엘로 바뀝니다. 마침내 야곱이 에서를 만나게 되고 에서는 오히려 야곱을 반갑게 맞이합니다. 그러자 야곱은 세겜에서 밭을 사고 그곳에 정착하려 합니다.

각 장의 중요 Point

31장 _ 야곱의 하나님 되기
32장 _ 하나님과 나 사이에서
33장 _ 해결의 열쇠

나를 위한 기도

두렵고 떨리는 상황에서도 당황하지 않게 하시고 하나님께 간절히 기도함으로 평강의 응답을 받게 하소서.

공동체를 위한 기도

하나님의 은혜로 에서와 야곱이 극적인 화해를 이루었던 것처럼, 하나님의 놀라우신 긍휼 가운데 남과 북이 하나 되는 민족 공동체가 되게 하소서.

전도대상을 위한 기도

하나님의 마음 알아가기

삶으로 실천하기

January 1/12

12

창세기 ― 말라기

창세기 34~36장

벧엘에서 하나님을 만난 야곱

Tong Point 야곱을 벧엘로 부르신 하나님께서는 그의 이름을 '이스라엘'로 바꿔주시고 생육과 번성의 복을 거듭 약속해주십니다.

찬양

주 예수여 은혜를
새 찬송가 368장 〈통 486장〉

하나님의 마음 보기

야곱은 세겜에서 밭을 사고 그곳에 정착하려고 했습니다. 그런데 세겜에서 사고가 발생하고 말았습니다. 야곱의 아들 시므온과 레위가 자신들의 동생 디나가 세겜 추장 하몰의 아들에게 당한 수치에 대해 복수하겠다고 할례를 이용해 세겜의 남자들을 다 죽이고 세겜 성읍을 노략한 것입니다. 이 일로 야곱은 그곳에서 더 이상 살 수 없게 되었습니다. 이때 하나님께서 야곱에게 벧엘로 올라가 제단을 쌓으라고 말씀하십니다. 그러자 야곱이 벧엘로 올라가 이방 신상들과 귀고리들을 다 땅에 묻고, 몸을 정결하게 한 후에 하나님께 제단을 쌓습니다. 하나님께서는 벧엘에서 야곱의 이름이 이스라엘로 바뀐 것을 다시금 확인해주시고, 그 가정에 복 주십니다.

얼마 후, 라헬이 베냐민을 낳다가 죽고 이삭도 기한이 되어 죽습니다. 이삭이 죽자 야곱과 에서가 함께 아버지 이삭을 장사지냅니다. 이제 하나님의 약속대로 이삭의 뒤를 야곱이 잇습니다. 그리고 에서는 세일 산을 중심으로 에돔 족을 세웁니다. 리브가의 태중(胎中)에 두 민족(民族)이 있다고 말씀하셨던 하나님의 말씀이 이루어지고 있습니다.

각 장의 중요 Point

34장 _ 무너지는 가정
35장 _ 하나님의 계획 – 야곱의 집 세우기
36장 _ 부적합한 약속의 계승자

나를 위한 기도

자존심이 상하고 수치를 당할 때에 분노로 반응하려는 마음을 가라앉혀 주시고 하나님께서 주시는 평온함과 지혜를 구하게 하소서.

공동체를 위한 기도

야곱의 이름을 이스라엘로 바꿔주시고 생육과 번성의 복을 약속해주신 하나님의 은총이 우리 교회 공동체 가운데 가득하기를 원합니다.

전도대상을 위한 기도

하나님의 마음 알아가기

삶으로 실천하기

January
1/13
13

창세기 말라기

창세기 37~38장

요셉의 고난과 꿈

Tong Point 하나님께서는 영문 모를 고난 속에서도 하나님의 꿈을 간직한 요셉과 함께하시며 그분의 큰 경륜을 이루어가십니다.

찬양

주여 지난밤 내 꿈에
새 찬송가 490장 〈통 542장〉

하나님의 마음 보기

야곱은 라헬이 죽자, 라헬의 소생 요셉에게만 채색옷을 입히고 그를 편애하기 시작했습니다. 그러자 요셉의 10명의 형들은 요셉을 점점 미워하게 되었습니다. 그러던 어느 날 요셉은 마치 형들이 자신에게 절하는 것과 같은 내용의 꿈 이야기와 심지어 형들과 아버지와 어머니까지도 자신에게 절하는 것과 같은 내용의 꿈 이야기를 가족들 앞에서 말했습니다. 이를 두고 보던 10명의 형들은 기회가 찾아오자 요셉을 미디안 상인들에게 노예로 팔아버렸습니다. 그리고 아버지 야곱에게는 요셉의 채색옷에 숫염소의 피를 묻혀 가지고 가 요셉이 짐승에게 먹힌 것 같다고 거짓을 고했습니다. 이 때문에 야곱은 요셉이 죽은 줄로 알게 되고, 요셉은 애굽의 종으로 팔려갑니다.

그리고 창세기 38장에는 유다 이야기가 등장합니다. 유다 이야기는 이후 총리 요셉과 베냐민과의 이야기를 이해하는 중요한 단초가 됩니다. 아버지에 대한 반감으로 집을 나갔던 유다가 이후 부끄러운 모습으로 다시 집으로 돌아와 아버지를 섬기며 살다가 흉년에 가정을 구하는 데 가장 중요한 역할을 하기 때문입니다.

각 장의 중요 Point

37장 _ 갈등, 그 결과는…
38장 _ 아픈 만큼 성숙해지고

나를 위한 기도

사람들에게서 받는 인간적인 섭섭함을 위로해주시고 하나님께서 허락하신 사람들을 존중하며 살게 하소서.

공동체를 위한 기도

하나님께서 요셉의 해석되지 않는 고난을 통해 큰 경륜을 이루어가신 것처럼, 이 시대 가운데 우리 민족을 사용하여 주소서.

전도대상을 위한 기도

하나님의 마음 알아가기

삶으로 실천하기

창세기 말라기

January
1/14
14

창세기 39~41장

총리 요셉

Tong Point 고난을 연단과 훈련의 시기로 여길 줄 알았던 지혜로운 요셉은 오랜 준비 끝에 애굽의 총리로 발탁되고 하나님의 꿈을 이루어갑니다.

찬양

내 갈 길 멀고 밤은 깊은데
새 찬송가 379장 〈통 429장〉

하나님의 마음 보기

하나님께서는 요셉을 사용하시기 위해 그를 애굽으로 인도하여 훈련시키기 시작하셨습니다. 그러나 요셉은 그 사실을 알지 못했기 때문에 자신에게 벌어진 상황이 해석되지 않았을 것입니다. 요셉은 애굽 왕 바로의 친위대장 보디발의 집에 종으로 팔려갔습니다. 그곳에서 요셉은 가정총무가 되기까지 수고했습니다. 그러나 그것도 잠깐, 얼마 후 요셉은 억울하게 옥에 갇히는 죄수의 신분이 되고 맙니다. 종보다도 더 안 좋은 상황에 처해진 것입니다. 그러나 요셉은 감옥 안에서도 최선을 다해 마침내 간수를 돕는 일을 맡게 됩니다. 또 감옥 안에서 바로 왕의 신하들의 꿈을 해석할 수 있는 기회도 가지게 됩니다. 요셉의 꿈 해석대로 술 맡은 관원장이 복직되자, 요셉은 자신의 억울함이 풀어질 수도 있을 것이라는 희망을 가지지만, 감옥 안에서 2년의 시간이 더 지나고 맙니다.

그런데 어느 날 바로 왕이 꿈을 꾸었는데 그 꿈을 해석하는 자가 없자, 감옥 안에 있는 요셉에게까지 기회가 주어졌습니다. 결국 요셉이 바로의 꿈을 해석하고 그 꿈에 대한 대안을 제시하자, 바로는 요셉을 애굽의 총리로 삼습니다.

각 장의 중요 Point

39장 _ 이것쯤이야!
40장 _ 감옥 학교
41장 _ 음지(陰地)에서 양지(陽地)로

나를 위한 기도

때로 원치 않는 고난 속에 하나님의 준비된 훈련과정이 포함되어 있다는 것을 알고 최선을 다해 살게 하소서.

공동체를 위한 기도

우리 공동체가 시시각각으로 다가오는 여러 고난과 어려움을 연단과 훈련의 기간으로 받아들여 하나님의 꿈을 이루어가게 하소서.

전도대상을 위한 기도

하나님의 마음 알아가기

삶으로 실천하기

Worship

소그룹예배

'믿음'의 가정

창세기 22-41장

기도로 예배를 시작합니다.

이 시간, 우리가 함께 모여 하나님께 드리는 이 예배를 기뻐 받아주시고, 예배드리는 가운데 하나님의 마음과 뜻을 깨달아 알 수 있도록 지혜를 주소서.

함께 **찬양**을 부르세요.

"주님 약속하신 말씀 위에 서" 새 찬송가 546장(통 399장)

성경을 **소리 내어** 함께 읽고 오늘 본문의 **통通 이야기**를 들려주세요.

* 창세기 28장 10-22절

아브라함은 하나님을 믿는 믿음을 이삭에게 남겼습니다. 이삭은 아브라함의 순종을 멋지게 계승하여 은혜를 쌓아갑니다. 이제 이삭의 믿음은 형을 피해 도망가는 야곱에게 이어집니다. 하나님께서는 야곱에게 임마누엘의 약속을 주십니다.

말씀을 통해 알 수 있는 **하나님의 마음**을 생각하며 함께 마음을 나눕니다.

* 모범이 되는 '믿음'의 가정에 대해 생각해봅시다. 우리의 가정에서 어떤 신앙의 모범을 대대로 계승하며 살아갈지 이야기해봅시다.

....

....

....

* 살아가면서 많은 어려움을 만날 것입니다. 이삭과 야곱은 기도하며, 하나님을 의지했습니다. 우리는 어떻게 어려움을 헤쳐 나갈까요?

....

....

....

서로 **축복의 말**을 함께 나눕니다.

"아름다운 신앙의 가정을 이루기 위해 기도하며 나아갑시다."

....

....

함께 기도하며, 연이어 주님이 가르쳐주신 기도로 예배를 마칩니다.

항상 믿음에 대해 깊이 묵상하며 살아가고 있습니다. 우리가 하나님께 칭찬받는 신앙을 가진 가정이 되도록 인도해주소서.

January
1/15
15

창세기 … 말라기

창세기 42~44장

요셉과 형제들의 만남

Tong Point 요셉은 양식을 구하기 위해 애굽으로 내려온 형제들과 만나게 되고, 더욱 근원적인 형제 갈등 해결을 위해 형들을 시험합니다.

찬양

나 어느 곳에 있든지
새 찬송가 408장 〈통 466장〉

하나님의 마음 보기

바로의 꿈은 7년간의 풍년과 이어지는 7년간의 흉년, 즉 14년간의 국가비상사태에 대한 꿈이었습니다. 국가의 풍년 관리와 흉년 관리는 모두 고도의 정치력을 필요로 하기에 바로는 14년간의 국가비상사태에 대한 꿈 해석과 더불어 그 대안까지도 명쾌하게 제시하는 요셉을 총리로 삼지 않을 수 없었던 것입니다.

바로의 꿈과 요셉의 해석대로 7년간의 풍년에 이어, 8년째에 흉년이 시작되었습니다. 그리고 그 다음해에 야곱의 아들들이 곡식을 사기 위해 애굽에 도착했습니다. 요셉은 과거 자신을 종으로 팔아 넘겼던 10명의 형들을 다시 만나게 된 것입니다. 요셉은 형들을 정탐으로 몰아 베냐민을 데려올 수밖에 없도록 일을 만듭니다. 그리고 베냐민이 살아있음을 확인한 후에는 형들이 베냐민을 사랑하는지 형들을 시험합니다. 놀랍게도 유다가 베냐민 대신 종으로 남겠다고 나섬으로 요셉과 베냐민, 그리고 더 나아가 아버지 야곱의 가슴까지도 녹입니다. 더욱 깊어지고 성숙해진 아들 유다가 아버지를 품고, 동생 베냐민을 구하고, 요셉을 감동케 해서 결국 요셉을 방성대곡하게 한 것입니다.

각 장의 중요 Point

42장 _ 집착, 그 결과는…
43장 _ 회복을 위한 기초 다지기
44장 _ 유다의 성숙

나를 위한 기도

가정의 화목을 위해 늘 사랑과 지혜를 모으게 하시고 서로를 진정으로 아끼고 배려하는 가정을 이루게 하소서.

공동체를 위한 기도

아버지 야곱의 마음을 헤아리며 헌신했던 유다처럼, 이 시대를 향한 하나님의 마음과 이웃의 형편을 헤아리는 성숙한 교회 공동체가 되게 하소서.

전도대상을 위한 기도

하나님의 마음 알아가기

삶으로 실천하기

January
1/16
16

창세기 말라기

창세기 45~47장

요셉과 형제들의 화해

Tong Point 유다를 비롯한 형제들과 요셉 간의 화해가 이루어지고, 야곱의 가족 전체는 하나님의 이끄심대로 애굽에 이주하여 정착합니다.

찬양

내 평생에 가는 길
새 찬송가 413장 <통 470장>

하나님의 마음 보기

요셉의 눈물이 그동안 형제들 간에 있어왔던 말 못할 아픔과 고통들을 녹이기 시작했습니다. 요셉은 형제들 앞에서 자신이 요셉임을 밝히고, 불안에 떨고 있는 형들을 안심시켰습니다. 요셉은 "당신들이 나를 이 곳에 팔았다고 해서 근심하지 마소서 한탄하지 마소서 하나님이 생명을 구원하시려고 나를 당신들보다 먼저 보내셨나이다"(창 45:5)라고 말하며 이 모든 일이 하나님의 계획이었음을 드러냈습니다. 그리고 요셉은 앞으로 흉년이 5년이나 더 남았으니 가나안에 있는 모든 가족들을 애굽으로 이주시켜야 한다고 말했습니다.

하나님의 계획하심에 따라 야곱의 가족 70명이 요셉을 의지해 입(入)애굽을 했습니다. 아버지 야곱을 통해 입애굽이 하나님의 뜻임을 확인한 요셉은 자기 가문이 하나님의 뜻대로 혈통을 보존해 큰 민족을 이루게 하기 위해 애굽인들과의 혼인을 차단합니다. 이를 위해 요셉은 자기 가문이 애굽인들이 가증히 여기는 목축업에 종사한다는 것을 바로에게 알립니다. 험악한 세월을 살아왔다고 스스로 고백했던 야곱에게 애굽에서의 생활은 처음으로 온 가족이 함께 진정한 가족공동체를 이루며 산 시간이었을 것입니다.

각 장의 중요 Point

45장 _ 새로운 역사의 서막
46장 _ 약속, 그 성취를 위한 발걸음
47장 _ 문제 해결은 이렇게!

나를 위한 기도

사랑하는 가족들과 믿음 안에서 비전을 나눌 수 있는 영적 환경을 만들어가며 하나님이 주인 되는 가정을 이루게 하소서.

공동체를 위한 기도

우리 공동체가 중요한 결정의 순간에, 세상과 타협하여 정치적 선택을 하기보다는 하나님을 소망하며 신앙적 선택을 이어가게 하소서.

전도대상을 위한 기도

하나님의 마음 알아가기

삶으로 실천하기

January
1/17
17

창세기 ─ 말라기

창세기 48~50장

야곱의 유언과 죽음

Tong Point 삶의 마지막을 앞두고 아들들을 축복한 야곱의 장례는 출애굽의 예행연습이었으며, 요셉의 유언은 이후 출애굽의 비전이 됩니다.

찬양

지금까지 지내온 것
새 찬송가 301장 〈통 460장〉

하나님의 마음 보기

어느덧 야곱도 늙고 병이 듭니다. 그러자 요셉이 자기의 두 아들을 데리고 아버지 야곱을 찾아옵니다. 야곱은 요셉의 두 아들 므낫세와 에브라임을 자신의 아들로 삼아 축복합니다. 이 일은 결국 이후 이스라엘의 열두 지파 형성에 있어 요셉의 이름 대신 요셉의 두 아들의 이름이 들어가는 근거가 되며, 요셉은 야곱의 아들들 가운데 유일하게 두 지파를 배출합니다.

창세기 49장에서 야곱은 그의 아들들을 축복하고 유언을 남깁니다. 그리고 그의 유언이 장차 큰 민족을 이룰 이스라엘의 비전이 되게 합니다. 야곱이 죽자, 요셉은 입(入)애굽의 책임자로서 아버지 장례를 출(出)애굽의 예행연습으로 치릅니다. 요셉은 아버지 장례 후 다시 자신을 두려워하는 형들에게 형들의 자녀들을 기르겠다고 약속하며 갈등의 잔재를 제거합니다. 그리고 세월이 흘러 요셉도 죽습니다. 요셉은 출애굽할 때 자신의 유골을 고향에 묻어 달라는 유언을 남김으로 하나님의 뜻이 계속되도록 길을 엽니다. 야곱과 요셉의 죽음과 함께 아브라함에서 시작한 족장 시대가 마감되고, 출애굽기 이후부터는 하나님께서 아브라함과 약속하신 대로 이스라엘이 드디어 민족을 이루며 새 시대를 열어갑니다.

각 장의 중요 Point

48장 _ 12지파 형성의 기초
49장 _ 어제, 오늘 그리고 내일
50장 _ 가는 세대, 오는 세대

나를 위한 기도

인생의 끝이 있음을 알게 하시고 그때에 믿음의 고백을 남길 수 있도록 아름다운 신앙인의 삶을 살아가게 하소서.

공동체를 위한 기도

야곱의 장례식이 출애굽의 예행연습과 비전이 되었듯이, 이 나라와 민족이 하나님의 말씀을 붙들고 미래를 꿈꾸게 하소서.

전도대상을 위한 기도

하나님의 마음 알아가기

삶으로 실천하기

January
1/18
18

창세기 말라기

출애굽기 1~2장

애굽의 종이 된 이스라엘

Tong Point 이스라엘의 번성을 두려워한 애굽인들에 의해 이스라엘 백성은 노예가 되고, 하나님께서 이들의 고통을 돌아보십니다.

찬양

험한 시험 물 속에서
새 찬송가 400장 〈통 463장〉

하나님의 마음 보기

요셉 당시 애굽의 바로는 나라를 위기에서 구해준 요셉을 위해 그의 아버지 야곱의 장례를 70일간 치르도록 요셉에게 명예를 선물했었습니다. 그런데 세월이 지나면서 애굽의 왕조가 여러 차례 바뀌고 요셉에 대한 기억들도 잊히게 되었습니다. 그 사이 요셉의 후손들은 숫자가 많아져서 히브리 민족이라 부를 만큼의 숫자가 확보되었습니다. 그러자 애굽의 바로는 자기 백성들보다 요셉의 후손들이 더 많아지는 것을 염려했습니다.

왜냐하면 당시 애굽은 소극적 제국주의에서 적극적 제국주의로 나아가려는 기로에 있었기 때문입니다. 바로가 염려한 것은 애굽의 군대가 다른 나라와 전쟁을 치르는 동안 국내에서 히브리인들이 애굽에 대적해 싸우고 애굽에서 나가는 것이었습니다. 애굽은 이 문제를 대비해 요셉의 후손들을 국고성 건축노역에 동원시켰습니다. 그럼에도 불구하고 요셉의 후손들이 기하급수적으로 늘어나자, 바로는 산파를 시켜 히브리 가정에 태어나는 아들들을 죽이라고 명령했습니다. 이 시기에 모세가 태어났고, 애굽의 왕자가 되었으며, 이스라엘의 지도자로 준비되고 있었습니다.

각 장의 중요 Point

1장 _ 새시대는 시작되고…
2장 _ 어떤 이의 출생과 성장

나를 위한 기도

하나님께서 고통 중에 신음하는 나의 소리를 분명히 듣고 계심을 믿으며 나를 돌아보시는 하나님을 신뢰하게 하소서.

공동체를 위한 기도

애굽에서 노예로 살고 있던 백성들의 고통을 들으신 하나님의 돌보심이 이 시대 고통 받는 우리의 이웃들에게도 임하게 하소서.

전도대상을 위한 기도

하나님의 마음 알아가기

삶으로 실천하기

January
1/19

19

창세기 말라기

출애굽기 3~4장

하나님의 모세 설득

Tong Point 80년의 기간을 거쳐 준비된 모세에게 출애굽의 청사진을 보이신 하나님께서 그를 하나님의 동역자로 세우시며 설득하십니다.

찬양

너 하나님께 이끌리어
새 찬송가 312장 〈통 341장〉

하나님의 마음 보기

갈대상자를 타고 애굽 궁정에 들어가 40년간 애굽의 왕자 신분으로 살았던 모세는 하루아침에 도망자가 되어 광야에서 40년의 세월을 보냈습니다. 이제 결이 썩은 대로 썩어 엎드릴 수 있도록 겸손이 훈련된 모세에게 하나님께서 찾아오셨습니다. 만약 모세가 엎드릴 수 있는 훈련이 되어 있지 않았다면 하나님 앞과, 패역한 이스라엘 백성 앞에서 살아남지 못했을 것입니다. 하나님께서는 모세에게 출애굽의 청사진을 제시하셨습니다. 그리고 이 일에 모세를 들어 사용하시겠다고 말씀하셨습니다.

그런데 40년 전 뜨거운 감자였던 민족 문제를 건드려봤던 경험이 모세로 하여금 하나님의 요구를 거절하게 했습니다. 그러자 하나님께서 모세를 설득하기 시작하셨습니다. 하나님께서는 모세의 지팡이를 뱀으로 변하게 했다가 다시 지팡이가 되게 하시고, 모세의 손에 한센병이 발생하게 했다가 다시 낫게 하시는 기적을 보이시고, 마지막에는 화를 내시기까지 하시며 모세를 설득하셨습니다. 이후 모세 또한 이스라엘 민족의 지도자가 되어 많은 사람들을 설득하는 일을 감당하게 됩니다.

각 장의 중요 Point

3장 _ 일어서는 모세
4장 _ 설득당하는 모세, 설득하는 모세

나를 위한 기도

하나님의 일을 위해 나를 부르시고 사명을 주시는 명령 앞에서 감사하며 겸손히 순종함으로 나아가게 하소서.

공동체를 위한 기도

모세가 하나님께 설득되어 출애굽의 사명을 감당했듯이, 우리 교회 공동체가 하나님께 설득되어 하나님의 동역자로 세워지기를 원합니다.

전도대상을 위한 기도

하나님의 마음 알아가기

삶으로 실천하기

January
1/20

20

창세기 말라기

출애굽기 5~7장

모세와 바로의 협상 시작

Tong Point 애굽으로 돌아간 모세와 완강한 바로 사이의 협상이 시작되고, 하나님께서는 놀라운 기적으로 그분의 능력을 보이십니다.

찬양

어디든지 예수 나를 이끌면
새 찬송가 440장 〈통 497장〉

하나님의 마음 보기

40년 만에 지팡이 하나 들고 애굽에 재등장한 모세의 겉모습은 초라하기 이를 데 없었습니다. 모세는 애굽의 전직 왕자였기에 바로에게 찾아갈 수 있었습니다. 모세는 바로에게 이스라엘 백성이 사흘 길쯤 광야로 나가서 하나님께 제사드릴 수 있도록 허락해 달라고 말합니다. 그러나 바로는 이스라엘 백성의 노역을 더 엄하게 하는 궤계를 쓰며 모세와 이스라엘 백성 사이를 이간질합니다. 이런 바로의 술수에 속아 넘어간 이스라엘 백성은 모세를 원망합니다. 하나님께서는 바로와 이스라엘 백성 모두에게 거절당한 모세에게 "너희를 내 백성으로 삼고 나는 너희의 하나님이 되리니"(출 6:7)라는 중요한 말씀을 하십니다. 하나님의 이 말씀은 이후 이스라엘 역사의 움직일 수 없는 기초가 됩니다.

이제 하나님과 모세의 동역이 시작됩니다. 모세가 바로에게 처음 갔을 때, 완악한 바로의 반응은 "나는 여호와를 알지 못하니"(출 5:2)라는 것이었습니다. 이에 하나님께서 당신이 어떤 분인지 알리기 위해 여러 가지 표징을 보이기 시작하십니다. 첫 번째 재앙은 물이 피가 되는 것이었습니다. 그러나 바로는 첫 번째 재앙을 보고도 마음을 돌이키지 않습니다.

각 장의 중요 Point

5장 _ 모세 vs 바로
6장 _ 조정자
7장 _ 바로, 너 똑바로 해!

나를 위한 기도

하나님을 알지 못하는 사람들에게 주님의 말씀을 바로 전할 수 있는 지혜와 입술의 힘을 더하여 주소서.

공동체를 위한 기도

하나님의 능력을 의지하며 바로 왕 앞에 당당하게 섰던 모세처럼, 이 시대 앞에 말씀의 능력으로 당당하게 서가는 우리 공동체가 되게 하소서.

전도대상을 위한 기도

하나님의 마음 알아가기

삶으로 실천하기

January
1/21

21

창세기 말라기

출애굽기 8~10장

모세의 설득과 하나님의 기적

Tong Point 하나님께서는 6개월간 많은 기적을 보이시며 바로를 설득하셨지만, 바로의 어리석음으로 끝내 협상은 결렬됩니다.

찬양

주 사랑 안에 살면
새 찬송가 397장 〈통 454장〉

하나님의 마음 보기

첫 번째 재앙에 이어 계속해서 개구리, 이, 파리들이 애굽을 뒤덮습니다. 그러나 바로는 눈앞에 직면한 재앙을 멈추기 위해서 모세와의 대화를 시도할 뿐, 근본적인 마음의 변화는 일으키지 않습니다. 하나님께서는 네 번째 재앙부터 이스라엘 백성이 살고 있는 고센 땅을 구별하시는데, 이는 하나님의 구원 계획이 어디에 있는지를 알 수 있게 합니다. 이스라엘 백성이 출애굽을 감행해야 하는 중요한 이유는 "그들이 나를 섬길 것이니라"(출 8:1)라는 하나님의 말씀에 잘 나타나 있습니다. 하나님께서는 이스라엘을 '제사장 나라 거룩한 백성'으로 삼으시고자 놀라운 계획을 이루어가시는 것입니다.

오래전, 하나님께서는 아브라함 한 사람을 통해 땅의 모든 족속에게 복 주시길 원하셨습니다. 이제 아브라함에게 주셨던 그 약속이 민족 단위로 확대됩니다. 이스라엘 민족을 부르시는 계획 가운데에는 세계 모든 민족을 구원하고자 하시는 하나님의 사랑이 담겨 있습니다. 바로는 아홉 번째 흑암 재앙까지도 모세를 통해 전해지는 하나님의 요구를 거절합니다. 결국 6개월에 걸친 모세와 바로의 첨예한 협상은 끝내 바로의 거절로 결렬되고 맙니다.

각 장의 중요 Point

8장 _ 출애굽의 진정한 이유
9장 _ 깊어지는 재앙
10장 _ 협상 결렬

나를 위한 기도

기적의 하나님께서 오늘도 나와 함께 동행하심을 믿으며 세상을 향해 담대히 주님의 말씀을 전하게 하소서.

공동체를 위한 기도

이스라엘 백성을 출애굽시키시기 위해 여러 기적을 행하신 하나님의 능력이 우리 교회 공동체 가운데에도 풍성하기를 원합니다.

전도대상을 위한 기도

하나님의 마음 알아가기

삶으로 실천하기

Worship
소그룹예배

유언과 비전

창세기 42-50장, 출애굽기 1-10장

기도로 예배를 시작합니다.

이 시간, 우리가 함께 모여 하나님께 드리는 이 예배를 기뻐 받아주시고, 예배드리는 가운데 하나님의 마음과 뜻을 깨달아 알 수 있도록 지혜를 주소서.

함께 **찬양**을 부르세요.

"사랑하는 주님 앞에" 새 찬송가 220장(통 278장)

성경을 **소리 내어** 함께 읽고 오늘 본문의 **통通 이야기**를 들려주세요.

* 창세기 50장 1-21절

애굽에 도착한 야곱은 평안히 지내다가 열두 아들을 축복한 후 눈을 감았습니다. 특히 요셉을 통해 이 가정의 믿음이 업그레이드되었습니다. 야곱은 가나안에 장사 지내달라는 유언을 남겼고, 이는 훗날 야곱의 후손인 이스라엘 민족의 출애굽의 비전이 되었습니다.

말씀을 통해 알 수 있는 하나님의 마음을 생각하며 함께 마음을 나눕니다.

* 야곱 가문 형제들의 갈등이 해소되었습니다. 하나님의 해석 안에서 모든 갈등을 품은 요셉의 믿음이 놀랍습니다. 우리도 요셉처럼 갈등을 풀어내는 믿음의 사람이 되기를 바랍니다.

* 창세기에서 출애굽기로 이어지는 데에 야곱과 요셉의 유언이 참으로 중요한 역할을 했습니다. 유언은 이스라엘의 어떤 비전이 되었습니까?

서로 축복의 말을 함께 나눕니다.

"요셉처럼 하나님의 사람으로 멋지게 쓰임 받고 싶습니다."

함께 기도하며, 연이어 주님이 가르쳐주신 기도로 예배를 마칩니다.

우리 가족, 우리 이웃, 우리 교회, 우리나라 곳곳에 꼭 필요한 사람이 되고 싶습니다. 우리가 있는 곳에는 항상 화목한 향기가 충만하기를 원합니다.

January
1/22

22

창세기 말라기

출애굽기 11~13장

유월절을 기념하라

Tong Point 마지막 징계인 장자 죽음의 재앙을 통해 이스라엘 백성은 오랜 종살이의 사슬을 끊고 새로운 출발의 발걸음을 내딛게 됩니다.

찬양

주 십자가를 지심으로
새 찬송가 265장 〈통 199장〉

하나님의 마음 보기

하나님의 경고를 끝까지 받아들이지 않는 바로로 인해 애굽 전역에 마지막 징계가 내려지게 됩니다. 마지막 열 번째 징계는 장자 죽음의 재앙으로, 이는 바로에게는 협상 결렬의 책임을 묻는 것이었고, 이스라엘 백성에게는 어린 양을 잡아 그 피를 집 좌우 문설주와 인방에 바르는 최소한의 실천적 순종을 요구하는 것이었습니다. 장자 죽음의 재앙이 임했던 이날은 하나님께 불순종한 자들에게는 죽음의 날이었고, 순종한 자들에게는 구원의 날이었습니다. '유월절'(the Passover)로 불리게 되는 이날은 이스라엘 백성이 오랜 종살이의 사슬을 끊고 새롭게 출발하는 날로 기억하고 기념해야 할 날이 됩니다.

하나님께서도 이날을 이스라엘 역사의 원년으로 삼으십니다. 또한 하나님께서는 '출애굽의 하나님'으로 당신의 존재를 드러내시며 이스라엘을 '내 것'으로 삼으시는 기원의 의미를 이날에 부여하십니다. 마침내 하나님의 신호가 떨어지고 이스라엘 민족은 신속하게 출애굽합니다. 요셉에 의해 시작된 이스라엘 민족의 애굽 생활이 요셉의 유언대로 그의 유골을 가지고 나옴으로써 막을 내리고 있습니다.

각 장의 중요 Point

11장 _ 뒤바뀐 정국의 주도권
12장 _ 협상 결렬, 그 이후
13장 _ 그날을 기념하라

나를 위한 기도

죽음의 어두운 그늘이 나의 삶을 엄습할지라도 두려워하지 않고 오직 하나님의 말씀에 순종함으로 구원받게 하소서.

공동체를 위한 기도

유월절 어린 양을 통해 이스라엘 민족이 새롭게 출발할 수 있었듯이, 말씀의 능력으로 새 시대를 열어가는 민족 공동체가 되게 하소서.

전도대상을 위한 기도

하나님의 마음 알아가기

삶으로 실천하기

January
1/23

23

창세기 말라기

출애굽기 14~15장

홍해를 건너게 하신 하나님

Tong Point 하나님께서는 애굽 군대가 출애굽한 이스라엘 백성을 뒤쫓아오자 홍해를 가르시고 이스라엘 백성을 구원하십니다.

찬양

주의 곁에 있을 때
새 찬송가 401장 〈통 457장〉

하나님의 마음 보기

이스라엘 백성이 다 일어나 애굽을 나왔습니다. 그런데 출애굽한 이스라엘 백성을 보고 마음이 변한 바로와 그 신하들이 대규모의 애굽 군대를 이끌고 이스라엘 민족을 잡기 위해 뒤쫓아옵니다. 애굽 각 가정에 장자의 죽음으로 인한 장례가 있었음에도 불구하고, 이스라엘 노예들의 노동력이 참으로 아깝고 아쉬웠기 때문입니다. 그러나 하나님께서는 이미 낮에는 구름 기둥, 밤에는 불 기둥으로 이스라엘을 보호하고 계셨습니다. 그럼에도 불구하고 이스라엘 백성은 두렵기 이를 데 없었습니다. 홍해 앞에 다다른 이스라엘 백성은 눈앞에 펼쳐진 죽음의 위기 속에서 원망과 불평을 쏟아놓기 시작합니다.

이때 모세가 "여호와께서 너희를 위하여 싸우시리니 너희는 가만히 있을지니라"(출 14:14)라고 말하며 그들을 진정시킵니다. 그리고 모세가 지팡이를 들어 바다 위로 손을 내미는 순간, 홍해가 갈라지고 이스라엘 백성은 홍해를 마른 땅으로 건너게 됩니다. 그리고 하나님께서는 이스라엘 백성을 뒤쫓아오던 바로와 그의 군대를 홍해 한가운데에서 멸하십니다. 이스라엘 백성은 이 모든 것을 지켜보면서 하나님께서 행하신 구원에 대한 감사와 감격의 노래를 부릅니다.

각 장의 중요 Point

14장 _ 바다 가운데로
15장 _ 응답송

나를 위한 기도

홍해를 가르시고 이스라엘 백성을 구원하신 하나님께서 오늘 나의 삶 속에서도 길을 열고 계심을 믿으며 살게 하소서.

공동체를 위한 기도

이스라엘을 구원하신 하나님의 기적과 능력을 기억하며, 성경적 기적을 체험하는 우리 민족이 되게 하소서.

전도대상을 위한 기도

하나님의 마음 알아가기

삶으로 실천하기

January
1/24
24

창세기 말라기

출애굽기 16~18장

인간의 한계와 하나님의 공급

Tong Point 식량과 물이 공급되지 않는 광야의 한계 상황 속에서 불평하는 이스라엘에게 하나님께서 물과 만나를 공급하십니다.

찬양

눈을 들어 산을 보니
새 찬송가 383장 〈통 433장〉

하나님의 마음 보기

출애굽한 이스라엘 백성이 한 달 반 만에 신 광야에 도착합니다. 그런데 애굽에서 준비해온 식량이 다 떨어지게 되자, 이스라엘 백성이 모세를 원망합니다. 인간의 능력이 끝나는 그 시점에 하나님의 공급이 시작됩니다. 이제부터 이스라엘 백성은 하나님께서 내려주신 만나를 먹으며, 하나님의 능력으로 하루하루를 삽니다. 하지만 신 광야를 떠나 르비딤에 이른 이스라엘은 마실 물이 떨어지자 또 모세를 원망합니다. 그러자 하나님께서 모세에게 "너는 그 반석을 치라"(출 17:6)라고 명하십니다. 모세가 바위를 치라는 하나님의 명령에 순종하면 물이 나올 것을 믿고 바위를 칩니다. 하나님을 믿어주는 사람, 그가 모세입니다. 이런 모세와의 동역을 통해서 하나님께서는 이스라엘 백성을 교육하기 시작하십니다.

모세는 모든 일의 결정에 있어서 자신의 생각이 아닌 하나님의 뜻을 좇습니다. 한편 이스라엘 사회의 하부구조를 갖추는 일에 있어서는 장인 이드로의 제안을 들은 뒤 수용합니다. 여기에서 모세의 두 가지 삶의 자세를 볼 수 있습니다. 첫째는 '하나님을 향한 절대적인 신뢰와 순종'이요, 둘째는 '이스라엘 백성에 대한 따뜻한 시선'입니다.

각 장의 중요 Point

16장 _ 이게 뭐꼬?
17장 _ 약한 자를 괴롭히지마!
18장 _ 틀 짜기

나를 위한 기도

나의 부족함이 하나님의 은혜의 한계가 아님을 알고 불평하지 않게 하시고 풍족히 채우시는 하나님을 경험하게 하소서.

공동체를 위한 기도

수많은 한계의 상황이 우리에게 다가온다 할지라도 끊임없이 만나와 물을 공급하시는 하나님을 체험하는 공동체가 되기를 원합니다.

전도대상을 위한 기도

하나님의 마음 알아가기

삶으로 실천하기

January
1/25

25

창세기 말라기

출애굽기 19~20장

시내 산에서 받은 십계명

Tong Point 시내 산에 당도한 이스라엘에게 하나님께서는 '제사장 나라 거룩한 백성' 의 특권과 사명을 제안하시고 십계명을 주십니다.

찬양

주의 말씀 받은 그 날
새 찬송가 285장 〈통 209장〉

하나님의 마음 보기

출애굽기 14-18장까지가 이스라엘이 출애굽하여 시내 산에 도착하기까지 3개월간의 기록이라면, 출애굽기 19장부터 마지막까지, 레위기 전체, 민수기 1장-10장 10절까지의 모든 기록은 출애굽한 이스라엘 백성이 시내 산에서 머문 약 1년간 있었던 사건들입니다. 하나님께서는 출애굽한 지 석 달 만에 시내 산에 도착한 이스라엘 백성에게 '제사장 나라 거룩한 백성' 이 되기를 제안하십니다. 그러자 감사하게도 이스라엘 백성이 이러한 하나님의 제안에 '아멘' 으로 화답합니다. 이것은 일방적인 명령에 대한 순응이 아니라 상호 합의에 따른 계약입니다. 이제 하나님께서는 이 화합을 기반으로 이스라엘이 하나님의 백성으로서 어떤 삶을 살아가야 하는지에 대해 말씀하십니다.

그리고 친히 백성들 앞에 강림하신 하나님께서 율법을 말씀하십니다. 대표적인 것이 바로 십계명입니다. 십계명은 인간이 가장 인간답게 살기 위해 지켜야 할 기본적인 법입니다. 하나님께서 십계명을 통하여 이스라엘에게 요구하시는 것은 바로 '하나님 사랑과 이웃 사랑' 입니다. 이는 거룩한 백성이 되기 위한 것이며 더 나아가 인간의 인간됨을 위한 가장 본질적인 것이라고 할 수 있습니다.

각 장의 중요 Point

19장 _ 축복은 사명이 되고
20장 _ 하나님의 요구, 인간의 인간됨

나를 위한 기도

하나님의 백성으로 승리하며 살아갈 수 있는 힘이 말씀에 기초하여 나오는 것을 알고 더욱 주님의 말씀을 사모하게 하소서.

공동체를 위한 기도

하나님께서 이스라엘에게 주신 '제사장 나라, 거룩한 백성'의 약속을 기억하며, 이 시대 앞에서 특권과 사명을 잘 감당하는 교회와 우리 민족이 되게 하소서.

전도대상을 위한 기도

하나님의 마음 알아가기

삶으로 실천하기

January
1/26
26

창세기 말라기

출애굽기 21~23장

공동체를 위한 삶의 기초

Tong Point 하나님께서는 십계명의 구체적인 시행세칙들을 알려주시며, 이스라엘 전체를 아름다운 신앙 공동체로 세우고자 하십니다.

찬양

주의 말씀 듣고서
새 찬송가 204장 〈통 379장〉

하나님의 마음 보기

하나님께서는 '하나님 사랑과 이웃 사랑' 으로 축약되는 십계명을 통해 인간이 인간답게 되기 위한 큰 틀을 보여주셨습니다. 뒤이어 십계명을 중심으로 한 구체적인 시행세칙을 보여주시는데, 이것은 이웃 사랑의 측면에서 '생명존중' 과 '약자보호' 라는 구체적인 내용을 담고 있습니다. 생명을 존중하고 약한 이웃을 배려하라는 하나님의 말씀에는 이스라엘 전체를 아름다운 신앙 공동체로 세우시려는 하나님의 뜻이 담겨 있습니다.

하나님께서는 인간들이 삶에서 일어나는 다양한 상황과 사건들을 어떻게 마주해야 할지 구체적으로 알려주십니다. 하나님께서 요구하시는 건강한 공동체는 이웃에게 피해를 주지 않는 정도의 소극적 차원을 넘어서서, 서로를 존중하고 배려하는 적극적 차원의 정의를 이루어가는 공동체입니다. 또한 하나님께서는 나그네, 과부, 고아, 가난한 사람들 등 사회적 약자들을 감싸 안을 수 있는 공동체가 되길 바라시며 당신의 기대를 표명하십니다. 이어 출애굽기 23장에는 이스라엘 백성이 일 년 동안 지켜야 할 세 차례의 절기인 무교절, 맥추절, 수장절에 관한 여러 가지 지침들이 나옵니다.

각 장의 중요 Point

21장 _ 아이 밴 여인을 보호하라
22장 _ 생활 속에서의 거룩
23장 _ 나그네 설움을 기억하는 사회

나를 위한 기도

하나님을 사랑하고 이웃을 사랑하는 마음이 나의 손과 발과 입을 통해 구체적으로 실현되게 하소서.

공동체를 위한 기도

하나님의 율례와 계명을 통해 이스라엘이 아름다운 신앙 공동체로 세워질 수 있었듯이, 말씀의 능력으로 멋지게 세워져가는 우리 공동체가 되게 하소서.

전도대상을 위한 기도

하나님의 마음 알아가기

삶으로 실천하기

January
1/27

27

창세기 말라기

출애굽기 24~27장

이스라엘 가운데 거하는 성막

Tong Point 홀로 시내 산 위에 오른 모세에게 하나님께서는 이스라엘 백성과의 만남의 장소인 성막의 설계도를 설명해주십니다.

찬양

주 예수 이름 높이어
새 찬송가 37장 <통 37장>

하나님의 마음 보기

이스라엘 백성이 시내 산에 머물고 있던 어느 날, 하나님께서 모세에게 하신 모든 말씀을 모세가 백성들에게 전합니다. 백성들은 한 목소리로 "여호와의 모든 말씀을 우리가 준행하리이다"(출 24:7)라고 대답합니다. 또한 모세와 아론과 나답, 아비후, 장로 70인은 여호와 앞으로 초대받는 기쁨을 누립니다. 모세는 이스라엘 백성에게 기다릴 것을 당부하고 시내 산에 올라가서 하나님을 만납니다. 하나님께서 모세에게 전해주신 명령은 크게 '성막 짓기'와 '제사장의 위임과 사명'으로 구분할 수 있습니다. 먼저 하나님께서는 이제부터 이스라엘 백성을 만날 장소인 성막의 설계도를 설명해주십니다.

하나님께서 주시는 성막의 식양을 살펴보면, 자세하고 꼼꼼하기 이를 데 없습니다. 하나님과 인간이 만나는 장소는 무엇보다도 아름답고 잘 준비된 장소여야 하기 때문입니다. 또한 하나님께서는 그곳에서 제사를 주도할 책임자로 아론과 그의 아들들을 지명하십니다. 당시 이스라엘의 지도자는 모세입니다. 하지만 이후 대대로 이스라엘 자손의 제사를 주도할 사람은 아론과 그 후손들이 됩니다. 이것이 모세와 아론이 맡은 각자의 역할이었습니다.

각 장의 중요 Point

24장 _ 역사적인 날
25장 _ 자원하는 사람들의 기쁨
26장 _ 너를 위한 준비
27장 _ 완성된 설계도

나를 위한 기도

나에게 주신 재능으로 하나님께 기쁨과 정성을 다해 헌신하게 하시고 이를 통해 아름다운 신앙공동체를 세워가게 하소서.

공동체를 위한 기도

성막을 통해 이스라엘 백성을 만나고 싶어 하시는 하나님의 마음이 우리의 신앙 공동체를 통해 온 세상에 가득 흘러넘치기를 원합니다.

전도대상을 위한 기도

하나님의 마음 알아가기

삶으로 실천하기

January
1/28

28

창세기 말라기

출애굽기 28~29장

제사장 직분의 위임

Tong Point 하나님께서는 아론과 그의 아들들에게 거룩한 옷을 만들어 입히라고 말씀하시고, 이어 제사장 위임식의 순서도 알려주십니다.

찬양

부름 받아 나선 이 몸
새 찬송가 323장 〈통 355장〉

하나님의 마음 보기

아론과 그의 아들들이 성막에서 하나님을 섬기며 하나님과 백성들의 만남을 도와줄 사람들로 선정되었습니다. 이제 하나님께서는 그들을 위하여 옷을 준비하십니다. 제사장의 옷은 하나님 앞에서 거룩함을 드러내고 백성을 대표하는 상징의 옷이었습니다. 하나님의 명령대로 아론의 옷은 애굽에서 나올 당시 가지고 왔던 귀한 보석들을 재료로 해서 만들어집니다. 하지만 하나님께서 아론에게 특권만 주시는 것은 아닙니다. 그에게 이처럼 화려한 옷을 주신 이유는 제사장으로서의 직무를 성실하게 감당하도록 하기 위한 것입니다. 아론의 옷은 화려하지만, 사실 그 옷은 입고 난 후 많은 일을 해야 하는 작업복과도 같습니다.

아론과 그의 자손들에게 거룩한 옷을 만들어 입힐 것을 말씀하신 하나님께서는, 이어 제사장 위임식의 순서도 알려주십니다. 출애굽기 29장의 핵심단어는 '위임' 입니다. 하나님께서 제사장의 직분을 아론과 그의 자손들에게 위임한다는 것은 하나님의 권한과 하나님의 일 가운데 일부를 제사장에게 맡긴다는 의미입니다. 하나님께서는 이스라엘 백성의 죄악을 용서하기 위한 절차인 제사의 집례를 아론과 그의 자손들에게 맡기십니다.

각 장의 중요 Point

28장 _ 화려한 작업복
29장 _ 위임식

나를 위한 기도

하나님께서 맡겨주신 사명을 거룩함으로 잘 감당할 수 있도록 복된 주님의 말씀으로 나를 씻기시고 입혀주소서.

공동체를 위한 기도

제사장의 화려한 작업복을 기억하며, 이 시대와 민족 앞에서 특권을 사명으로 바꾸어가는 성숙한 교회 공동체가 되게 하소서.

전도대상을 위한 기도

하나님의 마음 알아가기

삶으로 실천하기

Worship
소그룹예배

기적 같은 이야기

출애굽기 11-29장

기도로 예배를 시작합니다.

이 시간, 우리가 함께 모여 하나님께 드리는 이 예배를 기뻐 받아주시고, 예배드리는 가운데 하나님의 마음과 뜻을 깨달아 알 수 있도록 지혜를 주소서.

함께 **찬양**을 부르세요.

"주의 친절한 팔에 안기세" 새 찬송가 405장(통 458장)

성경을 **소리 내어** 함께 읽고 오늘 본문의 **통通 이야기**를 들려주세요.

* 출애굽기 14장 21-31절

하나님께서는 이스라엘이 하나님을 온전히 믿고 섬기는 신앙 공동체가 되기를 바라셔서 그들을 출애굽시켜 주셨습니다. 출애굽은 어린 양의 피를 대문에 바른 이스라엘 백성의 순종과 홍해의 기적으로 이루어졌습니다. 정말 꿈만 같은 일이 눈앞에 펼쳐진 것입니다.

말씀을 통해 알 수 있는 **하나님의 마음**을 생각하며 함께 마음을 나눕니다.

* 유월절은 죽음의 사자가 지나던 때에 하나님의 명령에 순종한 이스라엘 백성의 장자를 구원해주신 날을 기념하는 절기입니다. 순종하여 받은 이 복에 대해 생각해봅시다.

* 우리를 책임지고 돌보시는 하나님은 정말 위대하신 분이십니다. 그 하나님께 우리는 어떤 소망을 가지고 있습니까?

서로 **축복의 말**을 함께 나눕니다.

"하나님은 사랑하는 우리의 자녀들을 위해 놀라운 기적을 베푸시는 분입니다."

함께 기도하며, 연이어 주님이 가르쳐주신 기도로 예배를 마칩니다.

모세 한 사람의 믿음으로 출애굽의 놀라운 사건이 시작되었습니다. 우리 민족 모두를 살리는 기적의 통로가 되는 믿음과 순종의 사람이 되게 해주소서.

January 1/29

29

창세기 말라기

출애굽기 30~31장

하나님께 올리는 성물

Tong Point 하나님께서는 분향단과 물두멍, 거룩한 향기름을 만드는 절차를 알려주시고, 그 일에 헌신할 브살렐과 오홀리압을 지명하여 부르십니다.

찬양

구세주를 아는 이들
새 찬송가 26장 〈통 14장〉

하나님의 마음 보기

제사장이 해야 할 일은 생각보다 많습니다. 양과 소를 잡아 제사를 드리는 험한 일에서부터 정성스럽게 향을 피우는 세심한 일까지 이 모든 일이 제사장의 일이었기 때문입니다. 특별히 출애굽기 30장은 아론이 드려야 할 향에 대한 말씀입니다. 하나님께서는 대제사장과 만날 속죄소에서 아침저녁으로 향기로운 향을 사르라고 말씀하십니다. 제사장으로 위임받은 아론과 그의 자손들은 하나님께서 지정하신 복장을 갖춘 다음, 이스라엘 백성을 대표하여 하나님 앞에 나아가고 하나님께서 정하신 향을 드려야 할 책임이 있습니다. 하나님께서는 아론과 그 아들들에게 사명을 주시고자 그들을 구별하신 것입니다. 성막의 설계도와 일할 방법이 모두 마련되었고, 이제 남은 일은 그것을 구체적으로 만드는 것입니다.

출애굽을 이끄는 데에 모세와 아론을 사용하셨던 하나님께서는 성막 제조를 위해 브살렐과 오홀리압을 세우십니다. 또한 하나님께서는 안식일을 지킬 것을 강하게 명하시며 하나님의 백성으로서의 정체성이 바로 안식일 준수에서 나오는 것임을 상기시키십니다. 그리고 하나님께서는 마지막 단계로 홀로 산에 올라 이 모든 말씀을 받은 모세에게 친히 쓰신 증거판을 주십니다.

각 장의 중요 Point

30장 _ 삶의 향기 – 맡은 책임 다하기
31장 _ 땀 흘릴 사람들

나를 위한 기도

하루하루의 삶을 정성을 다해 살아가며 그리스도의 향기가 되어 이웃에게 선한 영향력을 끼치게 하소서.

공동체를 위한 기도

성막 제작을 위해 브살렐과 오홀리압이 지명하여 부름을 받았듯이, 우리 교회 공동체가 하나님의 거룩한 일을 위해 세움을 받게 하소서.

전도대상을 위한 기도

하나님의 마음 알아가기

삶으로 실천하기

January
1/30

30

창세기 말라기

출애굽기 32~34장

생명을 내어놓고 드리는 모세의 기도

Tong Point 모세를 기다리지 못하고 금송아지를 만드는 죄를 범한 이스라엘 백성을 위해 모세는 생명을 걸고 중보합니다.

찬양

인애하신 구세주여
새 찬송가 279장 〈통 337장〉

하나님의 마음 보기

모세가 시내 산에 올라가서 말씀을 받고 있는 동안, 이스라엘 백성은 모세를 기다리지 못하고 금붙이를 모아 금송아지 우상을 만드는 죄를 짓습니다. 하나님께서는 모세에게 "네 백성"(출 32:7)이 부패하였다고 진노하시며 그들을 진멸하겠다고 하십니다. 모세는 큰 잘못을 범한 이스라엘 백성이라 할지라도 그들을 하나님 앞에 용서받을 자로 보고 "주의 백성"(출 32:11)이니 긍휼을 베풀어 용서해주시라고 간절히 매달립니다. 그런데 모세가 산 아래로 내려와 보니, 실로 눈뜨고 볼 수 없는 광경이 펼쳐지고 있었습니다. 화가 난 모세는 두 돌판을 던져 깨뜨리고, 금송아지를 불살라 부수어 가루로 만들고 이를 물에 타서 온 백성에게 마시게 합니다. 그 죄에 대한 벌로 3천 명가량이 죽임을 당합니다.

이튿날 모세는 다시 하나님께 백성들의 죄를 중보합니다. 자신의 이름을 주께서 기록하신 책에서 지워도 좋으니 백성들의 죄를 사하여 주시라는 간구였습니다. 하나님께서는 생명을 내어놓고 기도하는 모세로 인해 마음을 돌이키십니다. 그리고 다시 한 번 모세를 시내 산으로 부르십니다. 이때 모세는 처음 것과 같은 두 돌판을 준비하여 산에 올라가 다시 십계명을 받습니다.

각 장의 중요 Point

32장 _ 금송아지를 만들다니
33장 _ 그래, 결심했어!
34장 _ 회복된 관계, 비전의 확인

나를 위한 기도

하나님의 응답이 더디 올 때 조급하지 않게 하시고 하나님의 언약을 소중히 생각하며 끝까지 지키게 하소서.

공동체를 위한 기도

금송아지의 죄악을 범한 이스라엘을 위해 목숨을 걸고 중보했던 모세처럼, 이 나라와 민족을 위해 중보의 사명을 잘 감당하는 공동체가 되게 하소서.

전도대상을 위한 기도

하나님의 마음 알아가기

삶으로 실천하기

January
1/31
31

창세기 말라기

출애굽기 35~38장

풍성한 자원과 헌신

Tong Point 하나님께서 주신 식양에 따라 만들어질 성막을 위해, 이스라엘 백성이 자신들의 소중한 소유물을 즐거운 마음으로 드립니다.

찬양

나의 생명 드리니
새 찬송가 213장 <통 348장>

하나님의 마음 보기

이스라엘 백성이 하나님의 명령대로 성막을 짓기 시작했습니다. 식양은 하나님께서 주셨지만 이스라엘 백성의 순종과 참여로 성막이 그 실제 모습을 드러내게 됩니다. 이스라엘 백성은 성막을 만들기 위해 자신의 소유물들을 즐거운 마음으로 바쳤습니다. 이스라엘 백성은 출애굽 당시 가지고 나온 귀중품들을 악하게 사용했던 금송아지 사건을 뉘우치고, 이제 그 귀중품들을 하나님께서 기뻐하시는 일에 넘치도록 자원하여 내어놓습니다. 심지어 성소의 물품들을 만들던 이들이 모세에게 찾아와 "백성이 너무 많이 가져오므로 여호와께서 명령하신 일에 쓰기에 남음이 있나이다"(출 36:5)라고 말하여 더 이상 가져오지 말라는 명을 내려야 했을 정도입니다.

모세는 하나님께서 말씀하신 대로 성막 짓는 일의 구체적인 책임자로 브살렐과 오홀리압을 세웁니다. 이들은 성소에 쓰일 물품들이 식양대로 만들어지고 있는지 정확히 확인하기 위해 설계도가 다 낡아질 정도로 들여다보고 점검했을 것입니다. 성소의 물품들은 이방 문화와 종교의 영향을 받은 것이 아니라, 하나님의 계시에 기초하여 독창적이고 거룩한 식양대로 만들어지는 것이기 때문입니다.

각 장의 중요 Point

35장 _ 즐거운 드림으로
36장 _ 함께 사는 길 – 자원정신
37장 _ 멋진 디자인대로
38장 _ 귀한 것을 내놓는 아쉬움은 더 소중함을 알기 위함이다

나를 위한 기도

하나님의 일을 이루어가기 위해 넉넉함으로 헌신할 수 있게 하시고 하나님의 충만한 영으로 채워주소서.

공동체를 위한 기도

자신의 가장 소중한 것들을 아낌없이 내어놓았던 이스라엘 백성처럼, 하나님과 이웃의 기쁨을 위해 기꺼이 헌신하는 교회 공동체가 되게 하소서.

전도대상을 위한 기도

하나님의 마음 알아가기

삶으로 실천하기

2

February

February
2/1
32

창세기 말라기

출애굽기 39~40장

성막의 완성과 봉헌

Tong Point 성막이 6개월여의 대장정 끝에 완성되고 봉헌됩니다. 이스라엘 백성의 순종과 정성이 담긴 진한 땀방울의 결과물이었습니다.

찬양

큰 영화로신 주
새 찬송가 35장 <통 50장>

하나님의 마음 보기

모세와 이스라엘 백성의 헌신을 통해 성막 짓기가 끝나고 이제 백성들은 아론과 그 아들들을 위한 옷을 만들기 시작합니다. 특별하게 만들어진 제사장의 옷을 입을 아론과 그 아들들은 이제 이스라엘과 하나님 사이에서 중보자 역할을 감당할 것입니다. 제사장으로 세워진 아론은 이스라엘 공동체가 하나님의 율례와 법도와 규례들을 지키게 하는 데에 지도력을 발휘하게 됩니다. 이 지도력은 약자와 강자 간의 권력관계에 의한 지도력이 아니라, 온 백성들이 같이 협력하고 거룩한 백성의 사명을 잘 감당하기 위해 필요한 지도력입니다.

성막과 제사장의 옷 만들기가 모두 끝난 후, 모세는 하나님께서 지시하신 대로 이 모든 기구들이 잘 만들어졌는지 확인 점검하는 시간을 갖습니다. 모세가 마지막 점검을 마치고 "모두 잘 됐다!"라고 말함과 동시에 온 백성들은 서로 얼싸안고 기쁨의 함성을 질렀을 것입니다. 이렇게 6개월여의 대장정이 완성되었습니다. 순종을 위한 진한 땀방울의 결과입니다. 이제 하나님을 만날 장소인 성막이 완성되었고, 하나님과 사람 사이를 중재할 제사장이 준비되었습니다. 성막을 통하여 하나님께서 이스라엘 백성 가운데로 오시는 공식 통로가 열리게 된 것입니다.

각 장의 중요 Point

39장 _ OK 사인
40장 _ Gloria, Gloria, Gloria (영광)

나를 위한 기도

성경을 통해 읽고 깨달은 말씀이 나의 생활에 그대로 적용됨으로 하나님의 영광이 가득한 삶이 되게 하소서.

공동체를 위한 기도

성막 봉헌식 때 임한 여호와의 영광이 하나님의 거룩한 일을 위해 헌신하는 우리 공동체 가운데 가득하게 하소서.

전도대상을 위한 기도

하나님의 마음 알아가기

삶으로 실천하기

February 2/2

33

창세기 말라기

레위기 1~5장

더 깊은 만남을 위한 다섯 가지 제사 절차

Tong Point 이스라엘을 거룩한 백성으로 삼고자 하신 하나님께서는 그 만남의 절차로 다섯 가지 제사를 말씀하십니다.

찬양

주님 주실 화평
새 찬송가 327장 <통 361장>

하나님의 마음 보기

이어지는 레위기에는 하나님과 이스라엘 백성 사이에 더 깊은 만남을 위한 방법으로 그 가운데 먼저 다섯 가지 제사가 소개됩니다.

먼저, 번제에는 하나님께 생명을 드린다는 의미가 있습니다. 자신의 생명을 드리는 마음으로 하나님께 소, 양, 염소, 비둘기 등을 드리는 것입니다. 곡식을 드리는 소제에는 재산을 바친다는 의미가 있습니다. 성실하게 노력한 결과로 얻은 곡식을 감사하는 마음으로 하나님께 드리는 것입니다. 감사한 일이 있을 때 드리는 화목제는 특별히 이웃과의 나눔을 요구하는 제사입니다. 번제는 제물의 몸통 전체를 하나님께 드리는 것이지만, 화목제는 내장은 불살라 하나님께 드리고, 남은 고기는 이웃과 함께 나누어 먹는 제사입니다. 속죄제는 이스라엘 백성이 죄를 범하여 하나님과의 관계에 문제가 생겼을 때, 이를 바로잡기 위한 제사입니다. 이는 레위기를 통하여 전하시는 하나님의 복된 소식입니다. 속건제는 부지중에 하나님의 계명을 어기게 되거나 이웃에게 해를 가하는 등 의도하지 않고 실수한 부분까지도 보상하고 책임질 것을 요구하는 제사입니다. 하나님의 은혜로 죄에 대해서는 용서가 주어지지만, 반드시 결과에 대한 책임은 감당해야 합니다.

각 장의 중요 Point

1장 _ 깊은 만남은 소중한 것을 나눔으로
2장 _ 노동의 아름다운 결실
3장 _ 나눔을 향기로 받으신다
4장 _ 레위복음
5장 _ 실수까지도

나를 위한 기도

하나님께 날마다 용서받는 삶이 되어서 새롭게 살아갈 수 있는 힘과 용기를 얻게 하시고 늘 감사하게 하소서.

공동체를 위한 기도

다섯 가지 제사법을 통해 우리 인생들을 용서해주시고 사랑하시는 하나님의 마음을 깊게 깨달아가는 공동체가 되기를 원합니다.

전도대상을 위한 기도

하나님의 마음 알아가기

삶으로 실천하기

February
2/3
34

창세기 말라기

레위기 6~7장

제사의 규례

Tong Point 생명의 희생을 기반으로 더 깊고 소중한 만남을 제안하시는 하나님께서는 그 만남의 외적 조건인 각 제사의 규례에 대해 가르쳐주십니다.

찬양

하나님이 말씀하시기를
새 찬송가 217장 〈통 362장〉

하나님의 마음 보기

레위기 6-7장에는 제사장들이 제사에 대해 기억하고 지켜야 할 내용이 기록되어 있습니다. 이는 앞부분에서는 나오지 않은 "아론과 그의 자손에게 명령하여 이르라"(레 6:9)는 표현에서 알 수 있습니다. 제사를 드리는 사람이 필요한 제물을 아무리 잘 준비해도 제사를 집례하는 제사장이 제사의 절차를 잘 모른다면 그 제사는 하나님께 온전히 드려지지 못할 것입니다. 구별된 제사장들의 사명과 책임이 그만큼 무겁다는 것을 보여주고 있습니다.

레위기 7장은 제사 규례를 보여줍니다. 하나님께 제사를 드리는 목적은 죄를 용서받기 위함입니다. 번제, 소제와 같은 제사는 그 제물을 이웃과 나눌 수 없지만 속건제, 화목제는 제사를 드린 후 제물을 이웃과 나눌 수 있게 하셨습니다. 제물을 통해 하나님께서는 기쁨을 얻으시고, 백성들 사이에는 가진 자의 나눔을 통해 덜 가진 자의 채움이 있게 되는 것입니다. 이를 통해 제사의 본래 의도가 무엇인지를 알 수 있습니다. 하나님께 드리는 제사를 통해 이스라엘 백성은 하나님께 늘 용서받을 수 있는 길이 열렸으며, 건강한 사회를 지탱할 수 있게 되었습니다.

각 장의 중요 Point

6장 _ 그들에게 달렸다
7장 _ 일석이조(一石二鳥)

나를 위한 기도

신앙 공동체 안에서 일을 할 때 나의 뜻대로가 아니라 정해진 질서와 절차를 존중하며 감당케 하소서.

공동체를 위한 기도

생명의 희생을 기반으로 더 깊고 소중한 만남을 제안하시는 하나님의 마음을 이 시대를 향해 흘려보내는 공동체가 되게 하소서.

전도대상을 위한 기도

하나님의 마음 알아가기

삶으로 실천하기

February
2/4
35

창세기 말라기

레위기 8~10장

새로운 리더십

Tong Point 하나님과 백성 사이의 중재자인 제사장이 공식적으로 세워집니다. 이 새로운 리더십은 그 큰 특권만큼 중대한 사명을 전제로 합니다.

찬양

만유의 주 앞에
새 찬송가 22장 〈통 26장〉

하나님의 마음 보기

하나님께 받은 규례대로 아론이 제사장으로서 첫 제사를 드립니다. 모세를 비롯한 모든 이스라엘 백성이 손에 땀을 쥐며 아론을 지켜보았을 것입니다. 하나님께서는 아론이 집례하는 첫 제사를 받으심으로써 이스라엘 백성의 염려를 기쁨으로 바꾸십니다. 그런데 첫 제사가 있은 후, 하나님의 불이 내려와서 아론의 큰아들 나답과 둘째 아들 아비후가 죽는 일이 벌어집니다. 나답과 아비후의 죽음은 그들이 분별없이 제사를 드린 것에 원인이 있었습니다. 정확한 이유가 명시되어 있지는 않지만 이후 말씀을 통해 보면, 그들이 포도주를 지나치게 마신 나머지, 하나님께서 명령하신 불이 아닌 다른 불을 들고 성소에 나아간 것이 문제였던 것입니다.

아버지 아론이나 동생들의 심정은 참담했을 것입니다. 그러나 모세는 아론과 그 가족들에게 울지 말라고 강하게 말합니다. 그들이 죽은 일로 슬퍼할 것이 아니라, 오히려 하나님의 말씀을 불순종한 것에 대해 회개하고, 그들의 죄로 인해 가슴을 쳐야 한다는 것입니다. 모세가 그들에게 슬퍼하지 말라고 한 이유는 하나님께서 내리신 처벌의 정당성을 인정했기 때문이고, 또한 자신과 아론 자손에게 맡겨진 무거운 책임을 인식했기 때문입니다.

각 장의 중요 Point

8장 _ 떴다!
9장 _ 쉿, 시선 집중
10장 _ 목숨을 걸고

나를 위한 기도

하나님의 일을 늘 자유한 마음으로 그러나 두려움으로 겸손히 행하게 하시고 이를 통해 하나님의 이름이 높임 받게 하소서.

공동체를 위한 기도

제사장에게 부여된 특권과 사명을 기억하며, 이 나라와 민족을 위해 특권만큼 섬김의 사명을 감당하는 교회 공동체가 되게 하소서.

전도대상을 위한 기도

하나님의 마음 알아가기

삶으로 실천하기

Worship

소그룹예배

하늘보석

출애굽기 30–40장, 레위기 1–10장

기도로 예배를 시작합니다.

이 시간, 우리가 함께 모여 하나님께 드리는 이 예배를 기뻐 받아주시고, 예배드리는 가운데 하나님의 마음과 뜻을 깨달아 알 수 있도록 지혜를 주소서.

함께 **찬양**을 부르세요.

"내 영혼에 햇빛 비치니" 새 찬송가 428장(통 488장)

성경을 **소리 내어** 함께 읽고 오늘 본문의 **통通 이야기**를 들려주세요.

* 출애굽기 28장 15-30절

하나님께서는 하늘에서 만나를 양식으로 주시고, 낮에는 구름 기둥, 밤에는 불 기둥으로 백성들을 인도하셨습니다. 그리고 이스라엘을 제사장 나라 거룩한 백성이 되도록 가르치시며 수준을 높여주셨습니다. 하나님의 사람들을 하늘보석처럼 빛나게 해주셨습니다.

말씀을 통해 알 수 있는 하나님의 마음을 생각하며 함께 마음을 나눕니다.

* 하나님께서는 노예였던 이스라엘 백성들에게 십계명을 주시며 제사장 나라 거룩한 백성으로 살기를 기대하셨습니다. 십계명의 내용을 알아봅시다.

....

....

....

* 제사장의 화려한 옷에는 이스라엘 열두 지파의 이름이 소중하게 새겨잔 열두 개의 보석이 달렸습니다. 보석처럼 빛나게 하신 열두 지파의 이름을 하나씩 불러봅시다.

....

....

서로 축복의 말을 함께 나눕니다.

"우리는 하나님께서 귀하게 여기시는 하늘보석입니다."

....

....

함께 기도하며, 연이어 주님이 가르쳐주신 기도로 예배를 마칩니다.

우리를 하늘보석 삼아주시고 귀한 존재로 사랑해주시는 하나님, 감사합니다. 하나님께서 소중히 여기고 기대하시는 마음을 깨달아 주의 뜻에 합당한 사람으로 살게 해주소서.

February
2/5
36

창세기 말라기

레위기 11~13장

건강을 위한 배려

Tong Point 하나님께서는 이스라엘 백성이 식생활과 같은 세밀한 부분부터 하나님 앞에서 거룩히 행하여 건강한 생명을 보전하길 원하십니다.

찬양

정결하게 하는 샘이
새 찬송가 264장 〈통 198장〉

하나님의 마음 보기

하나님께서는 이스라엘 백성이 가나안에 정착해서 살게 되었을 때 어떻게 하나님의 백성다운 식생활을 영위할 것인지 레위기 11장을 통해 가르쳐주고 계십니다. 인간을 창조하시고 그 몸의 생명과 건강에 대해 가장 잘 알고 계신 하나님께서 이스라엘 백성이 먹어도 좋은 것과 먹으면 좋지 않은 것을 구분해주신 것입니다. 또한 하나님께서는 생명을 탄생시킨 여인의 산후조리 기간에 관해서도 말씀하십니다. 거친 광야 생활이기에 산모와 신생아에게는 휴식과 돌봄의 시간이 더욱 절실히 필요했기 때문입니다.

또한 한센병에 대해 116절이나 되는 긴 내용으로 꼼꼼하게 말씀하신 것은 하나님께서 그들의 입장에 서서 그들을 위하신다는 것을 의미합니다. 한센병은 한 개인에게 미치는 고통과 좌절을 넘어 그 가족과 이웃의 삶에까지 영향을 주기 때문에 그 발병 여부를 경솔히 판단해서는 안 됩니다. 환자의 병세를 꼼꼼하게 관찰하고 경과에 따라 적절한 조치를 취하는 것이 제사장의 책무였습니다. 레위기의 전체 주제는 '거룩'입니다. 이스라엘 백성이 거룩한 백성으로 살기 원하셨던 하나님께서는 레위기를 통해 어떻게 거룩한 삶을 살 수 있는지에 대해 알려주십니다.

각 장의 중요 Point

11장 _ 그 누가 알았으랴!
12장 _ 산후조리는 이렇게
13장 _ 모두를 지키기 위해서 때로는 누군가의 편에 서야 한다

나를 위한 기도

몸이 연약하고 힘들 때에 깊은 사랑과 관심으로 나를 배려하시고 회복시키시는 하나님을 의지하며 살게 하소서.

공동체를 위한 기도

인생들의 세밀한 삶까지도 생각하시며 품어주시는 하나님의 놀라우신 사랑을 이웃에게 전하는 아름다운 공동체가 되게 하소서.

전도대상을 위한 기도

하나님의 마음 알아가기

삶으로 실천하기

February 2/6

37

창세기 말라기

레위기 14~15장

생명을 위한 배려

Tong Point 인생들의 생명에 대해 깊은 관심을 가지신 하나님께서는 한센병과 유출병 등에 관한 확인 절차와 정결법 등을 상세히 이르십니다.

찬양

이 죄인을 완전케 하시옵고
새 찬송가 426장 〈통 215장〉

하나님의 마음 보기

한센병 환자들이 병에서 회복되었을 때 다시 이스라엘 공동체로 복귀하는 절차가 적힌 레위기 14장은 그들에게 가장 중요한 말씀 중의 말씀이었습니다. 하나님께서는 한센병 환자가 병이 완치된 경우, 제사장으로 하여금 병의 완치를 선언하도록 하십니다. 정결규례를 통해 마을 사람들에게 한센병이 모두 완치되었음을 공식적으로 알리고 그를 받아줄 수 있도록 절차를 밟는 것입니다. 한편, "가난하여 그의 힘이 미치지 못하면…"(레 14:21)이라는 부분은 어려운 형편에 있는 이들도 하나님께 정성으로 제사를 드릴 수 있도록 기회를 넓게 열어주신 것을 뜻합니다.

이어서 성(性)에 관해 발생하는 여러 가지 부정(不淨)들과 정결법들에 대해서도 알려주십니다. 성은 하나님께서 생명을 위해 인간에게 주신 아름다운 선물입니다. 하나님께서 약속하신 생육과 번성의 복, 가정의 평화와 안정은 건전한 성 문화를 통해서 이루어질 수 있습니다. 그래서 하나님께서는 복으로 주신 성이 쾌락도모의 수단으로 무분별하게 사용되는 것을 미리 방지하신 것입니다. 우리의 삶에 무엇이 필요한지 잘 아시는 하나님께서 이스라엘 백성의 거룩한 삶을 위한 여러 가지 규례를 지정해주신 것입니다.

각 장의 중요 Point

14장 _ 새로운 시작을 위하여
15장 _ 성(性) 교육 강좌

나를 위한 기도

인간의 생명을 사랑하시는 하나님의 마음을 잘 헤아림으로 제 주변에 있는 연약한 이들을 더욱 따뜻하게 품게 하소서.

공동체를 위한 기도

인생들의 생명에 대해 깊은 관심을 가지고 건강한 공동체로 이끌어 가시는 하나님의 사랑을 깨달아가는 교회가 되기를 원합니다.

전도대상을 위한 기도

하나님의 마음 알아가기

삶으로 실천하기

February
2/7
38

창세기 말라기

레위기 16~17장

제사장의 역할과 사명

Tong Point 이스라엘 공동체의 생명력을 결정하게 될 제사장들은 성소에 들어오기 전, 자신을 위한 속죄제를 먼저 드려야 합니다.

찬양

나의 생명 되신 주
새 찬송가 380장 〈통 424장〉

하나님의 마음 보기

하나님과 이스라엘 백성 사이의 존재인 제사장이 얼마나 자신의 직분을 잘 인식하고 책임감 있게 감당하느냐에 따라 이스라엘 공동체의 생명력이 결정됩니다. 아론의 네 아들 가운데, 이제 엘르아살과 이다말이 남았습니다. 제사장이 하나님께 제사를 드리다가 나답과 아비후와 같이 죽는 일이 또 발생해서는 안 될 것입니다. 그래서 하나님께서는 제사장이 성소에 들어오기 전, 자신을 위한 속죄제를 먼저 드리도록 하십니다. 이는 책임을 맡고 있는 제사장이 먼저 자기반성을 하라는 뜻입니다. 또한 제사장이 지성소에 들어오는 날도 1년에 하루로 정해주십니다. 제사장이 지성소에 들어가는 날, 즉 매년 일곱째 달 10일 속죄일은 이스라엘 백성이 스스로를 돌아볼 수 있는 날입니다. 이날은 안식일 중의 안식일이며 백성 전체가 참회하여 정결하게 되는 기쁨과 감사의 날입니다.

애굽에서 사는 동안, 이스라엘 백성은 애굽의 생활 방식에 길들여 있었습니다. 그래서 하나님께서는 애굽의 방식을 따라 숫염소에게 제사하지 말라고 말씀하시고 제사장 중심, 회막 중심의 바른 제사 규례에 대해 알려주십니다. 이스라엘은 이제 옛 습관을 완전히 버리고 하나님의 거룩한 백성으로 다시 출발해야 합니다.

각 장의 중요 Point

16장 _ 기쁜 날
17장 _ 이제 그만!

나를 위한 기도

하나님께서 나에게 주시는 사명이 참으로 소중하다는 것을 깨닫게 하시고 정성을 다해 섬기게 하소서.

공동체를 위한 기도

교회 공동체가 이 나라와 민족 가운데, 그리고 우리 민족이 온 세상을 향해 제사장의 사명을 잘 감당해 나가기를 원합니다.

전도대상을 위한 기도

하나님의 마음 알아가기

삶으로 실천하기

창세기 말라기

February 2/8

39

레위기 18~20장

거룩한 사랑

Tong Point 하나님께서는 이스라엘이 본받지 말아야 할 이방 풍속에 대해 경고하시며, '이웃 사랑'의 실천을 통해 거룩함을 드러낼 것을 명하십니다.

찬양

네 맘과 정성을 다하여서
새 찬송가 218장 〈통 369장〉

하나님의 마음 보기

하나님께서는 이스라엘 백성에게 거룩하라고 명령하십니다. 하나님께서는 이스라엘 백성이 거했던 애굽의 풍속도, 앞으로 살게 될 가나안 땅의 풍속과 규례도 행하지 말라고 말씀하십니다. 당시 고대 근동의 풍속은 저속하고 음란하고 패역하며 우상을 숭배했기 때문입니다. 거룩한 백성이 결코 따라서는 안 될 풍속이었습니다.

레위기 19-20장의 내용을 통해서 볼 때, 하나님께서 말씀하시는 '거룩'이란 하나님과 올바른 관계를 맺기 위한 믿음의 생활이며, 이웃과 올바른 관계를 맺기 위한 사랑의 실천입니다. 특별히 하나님께서는 이스라엘 백성에게 이웃 사랑을 실천하라고 요구하십니다. 하나님께서 요구하시는 '거룩'은 추수 때 곡식을 거두면서 가난한 사람과 타국인을 위해 밭모퉁이 일부를 남겨두는 것입니다. 즉, "네 이웃 사랑하기를 네 자신과 같이 사랑하라"(레 19:18), 그리고 신약의 말씀 "네 이웃을 네 자신 같이 사랑하라"(마 22:39)의 또 다른 표현이 바로 '거룩'입니다. 우리가 내 이웃을 내 몸처럼 귀히 여기지 않으니, 하나님께서 다른 사람을 자기 자신만큼 소중히 여기고 사랑하며 살라고 당부하시는 것입니다.

각 장의 중요 Point

18장 _ 이것만은 안 돼!
19장 _ 사랑에는 땀이 있어야 합니다
20장 _ 너희들은 죽음이야!

나를 위한 기도

나의 수고에 대한 대가로 채워주시는 은혜를 부족하고 가난한 사람들과 함께 나누는 즐거움으로 가득한 인생 되게 하소서.

공동체를 위한 기도

우리 교회 공동체가 이웃 사랑의 실천을 통해 이 시대 앞에 하나님의 거룩하심을 나타내기를 원합니다.

전도대상을 위한 기도

하나님의 마음 알아가기

삶으로 실천하기

February
2/9
40

창세기 말라기

레위기 21~22장

공동체를 돌보는 제사장

Tong Point 백성의 어른으로서 공동체를 돌보게 될 제사장들에게는 그 책임에 합당한 규례들을 거룩히 지켜야 할 책임이 있습니다.

찬양

내 평생 소원 이것뿐
새 찬송가 450장 <통 376장>

하나님의 마음 보기

레위기 21-22장에는 이스라엘의 거룩함을 책임지는 제사장에 관한 이야기가 기록되어 있습니다. 제사장은 자신의 책임을 제대로 수행하기 위해 스스로를 더럽히지 말아야 합니다. 책임이 중대할수록 더욱 거룩해야 합니다. 그래서 하나님께서는 그들의 외모에서부터 결혼, 가족관계의 일들까지 분명하게 선을 그어주십니다.

또한 하나님께서는 백성이 드린 예물의 일부분을 제사장이 먹을 수 있게 하시되, 성물을 먹는 규례에 따라 먹도록 하십니다. 백성의 정성어린 예물을 음식으로 받는 제사장들은 자신의 모습을 돌아보며 하나님을 경외하는 마음으로 먹어야 합니다. 성물은 그들이 제사장으로서의 사명에 집중할 수 있도록 그들의 생계 문제를 해결해주시는 하나님의 은혜이기 때문입니다. 그런데 아론의 자손이라도 몸이 약한 이들은 제사장의 직무에 대한 책임을 면하게 됩니다. 그러나 육체적 약함으로 인해 제사장의 책임을 수행할 수 없는 자들이라도 제사장에게 돌아가는 성물은 먹을 수 있게 하십니다. 이는 하나님께서 레위 자손들 가운데 약한 자들에게도 관심을 가지고 배려하심을 보여줍니다.

각 장의 중요 Point

21장 _ 제사장, 백성의 어른
22장 _ 인간의 능동 · 하나님의 피동

나를 위한 기도

가정 공동체와 신앙 공동체, 그리고 사회 공동체에서 늘 책임 있는 자세로 성실히 살게 하소서.

공동체를 위한 기도

제사장이 공동체를 돌보며 귀한 사명을 감당했듯이, 우리 교회가 이 사회를 잘 돌보며 섬기는 아름다운 공동체가 되게 하소서.

전도대상을 위한 기도

하나님의 마음 알아가기

삶으로 실천하기

February
2/10
41

창세기 말라기

레위기 23~25장

아름다운 절기문화

Tong Point 하나님께서 이스라엘에게 명하신 절기들은 공동체를 하나님 중심, 약자 중심, 인간 존중의 공동체로 이끄는 문화의 기반이 됩니다.

찬양

즐겁게 안식할 날
새 찬송가 43장 〈통 57장〉

하나님의 마음 보기

레위기 23장에서 하나님께서는 이스라엘 백성이 지켜야 할 여러 절기(節氣)를 말씀하십니다. 하나님께서는 절기 기간에는 아무 일도 하지 말라고 명령하십니다. 이로써 사회의 약자들까지 충분히 쉴 수 있게 하시고, 모든 이스라엘 백성이 하나님을 깊이 생각해볼 수 있는 시간을 갖도록 하십니다. 레위기 24장은 일상생활에 대한 말씀입니다. 매일 매일의 삶의 구별이 철저히 훈련되어야만 특별한 날 또한 하나님 앞에 거룩한 날로 구별하여 드릴 수 있습니다.

하나님께서는 이스라엘을 위해 약속의 땅을 준비하고 계십니다. 머지않아 이스라엘은 그것을 관리하는 청지기로서의 역할을 감당해야 하며, 그때 지켜야 할 중요한 원칙이 안식년과 희년입니다. 7년마다 돌아오는 안식년의 소출은 땅을 소유하지 못한 품꾼과 나그네들, 가축과 들짐승에게 돌아갑니다. 그리고 희년은 시간이 지남에 따라 커져만 가는 경제적 불평등을 50년 주기로 다시 회복시키는 제도입니다. 모든 이스라엘 백성은 희년을 통해서 본래 자기의 기업에 속해 있던 땅의 경작권을 돌려받을 수 있습니다. 하나님께서는 이를 통해 사회의 약자들이 절망하거나 공동체로부터 이탈하지 않도록 하십니다.

각 장의 중요 Point

23장 _ 쉬는 문화 만들기
24장 _ 일상 속의 하나님 섬김
25장 _ 사회복지를 위한 기본 정신

나를 위한 기도

일상의 바쁨 속에서도 하나님을 기억하며 살아갈 수 있도록 구별된 시간을 갖게 하시고 주일을 성수하게 하소서.

공동체를 위한 기도

우리 교회 공동체가 명절과 절기문화를 하나님 중심, 약자 중심의 문화로 이끌어가는 데 귀하게 쓰임 받게 하소서.

전도대상을 위한 기도

하나님의 마음 알아가기

삶으로 실천하기

February
2/11
42

창세기 말라기

레위기 26~27장

순종과 불순종에 대한 언약

Tong Point 사랑과 공의의 하나님께서는 이스라엘 백성의 행동 여하에 따라 달라질 수 있는 두 가지 미래에 대해 말씀하십니다.

찬양

태산을 넘어 험곡에 가도
새 찬송가 445장 〈통 502장〉

하나님의 마음 보기

하나님께서는 이스라엘에게 주신 규례와 율례를 다시 한 번 상기시키십니다. 그리고 이스라엘이 하나님의 말씀대로 준행하며 살 때와 그렇지 않을 때 어떤 일들이 있을 것인지 자세히 말씀하십니다. 하나님께서는 "너희가 내 규례와 계명을 준행하면"(레 26:3)이라는 말씀을 시작으로 그에 따른 복을 말씀하시고, "너희가 나를 거슬러 내게 청종하지 아니할진대"(레 26:21)라는 말씀을 시작으로 그에 따른 벌을 말씀하십니다. 하나님께서는 인간을 사랑하시고 복 주시는 분이지만, 동시에 죄악을 묵과하지 않으시는 공의로운 분임을 기억해야 합니다. 그런데 하나님께서 그 모든 말씀의 마지막에 당신의 말씀을 청종하지 않는 이스라엘 백성일지라도, 언약을 폐하지 않으시고 그들의 하나님이 되어주시겠다는 놀라운 선언을 하십니다.

또한 하나님께서는 나이 별로 구분해 서원의 값을 정하시는데, 여기에는 '시간'과 '재물'을 하나로 묶어서 하나님께 바치라는 의미가 담겨 있습니다. 끝으로 하나님께서는 십일조를 하나님의 것으로 지정하여 의무적으로 바치게 하심으로써, 제사장의 살 길을 열어주십니다. 제사장이 흔들리지 않고 든든히 서 있는 것이 하나님의 거룩한 시민 공동체가 바르게 세워지는 첩경이기 때문입니다.

각 장의 중요 Point

26장 _ 어느 쪽을 선택할 것인가?

27장 _ 거룩한 시민학교를 위하여

나를 위한 기도

내게 주어진 선택의 자리에서 매순간 하나님의 말씀을 기준으로 순종하는 선택을 함으로 복된 인생 되게 하소서.

공동체를 위한 기도

하나님의 율례와 계명과 법도에 순종함으로 하나님께서 약속해주신 복을 받아 누리는 교회 공동체가 되게 하소서.

전도대상을 위한 기도

하나님의 마음 알아가기

삶으로 실천하기

Worship
소그룹예배

'거룩'은 사랑입니다

레위기 11-27장

기도로 예배를 시작합니다.

이 시간, 우리가 함께 모여 하나님께 드리는 이 예배를 기뻐 받아주시고, 예배드리는 가운데 하나님의 마음과 뜻을 깨달아 알 수 있도록 지혜를 주소서.

함께 **찬양**을 부르세요.

"황무지가 장미꽃같이" 새 찬송가 242장(통 233장)

성경을 **소리 내어** 함께 읽고 오늘 본문의 **통通 이야기**를 들려주세요.

* 레위기 19장 9-18절

우리를 창조하신 하나님께서는 우리가 거룩하게 살기를 바라십니다. 거룩은 약한 사람을 돌보는 것이고, 사랑을 실천하는 것입니다. 레위기는 우리를 향한 하나님의 사랑이 가득 담긴 러브레터입니다.

말씀을 통해 알 수 있는 하나님의 마음을 생각하며 함께 마음을 나눕니다.

* 하나님께서 말씀하시는 거룩은 하나님의 사랑을 실천하는 것입니다. 우리는 이웃을 위해 어떻게 사랑을 실천하고 있습니까?

* 거룩을 가장 앞서 실천하는 사람들은 제사장이었습니다. 제사장의 역할 중에 중요한 것이 율법을 가르치는 것입니다. 이웃에게 하나님의 말씀을 어떻게 소개할까요?

서로 축복의 말을 함께 나눕니다.

"거룩한 사랑을 서로 서로 나눕시다."

함께 기도하며, 연이어 주님이 가르쳐주신 기도로 예배를 마칩니다.

하나님께서 거룩하니 우리도 거룩하라고 하시니 정말 감사합니다. 약한 이웃을 하나님의 사랑으로 사랑하고, 어르신들을 공경하며, 하나님의 말씀을 열심히 전하도록 도와주소서.

February
2/12
43

창세기 말라기

민수기 1~2장

첫 번째 인구조사와 진 편성-약속의 성취

Tong Point 20세 이상으로 전쟁에 나갈 수 있는 사람의 숫자를 세고, 그 기반 위에서 각 지파별 진영을 갖춥니다.

찬양

오 신실하신 주
새 찬송가 393장 〈통 447장〉

하나님의 마음 보기

일찍이 하나님께서는 아브라함에게 그의 후손으로 말미암아 큰 민족을 이루겠다고 약속하셨습니다(창 12장). 그 약속은 출애굽기 1장에서 1차로 실현되었습니다. 민수기 1장에서는 하나님의 약속이 어떻게 실현되었는지 구체적인 숫자로 보게 됩니다. 하나님께서 모세를 통해 이스라엘 남자 중에서 전쟁에 나갈 수 있는 사람의 숫자를 세라고 명령하신 것입니다. 레위인들이 계수에서 제외되었음에도 불구하고, 20세 이상으로 전쟁에 나갈 수 있는 남자만 60만 3,550명이었습니다. "이십 세 이상으로 싸움에 나갈 만한 모든 자"(민 1:3)라는 말에는 이들이 공동체 내에서 상대적으로 강한 자들이라는 의미가 있습니다. 따라서 이들은 진이 이동할 때 약한 자들과 함께하며 그들의 신변을 보호해주는 역할을 감당했을 것입니다.

민수기 2장에서는 민수기 1장에서 계수된 숫자를 기반으로 각 지파별 진영을 갖춥니다. 그런데 중요한 것은 이렇게 동서남북으로 둘러선 지파들 중앙에 레위 지파와 함께 회막이 놓인다는 것입니다. 이것이 이스라엘 진영이 다른 여타 민족의 진영과 확연히 구별되는 차이점입니다. 이스라엘 진영은 그 중심에 하나님을 모시고 있는 것입니다.

각 장의 중요 Point

1장 _ 약속이 이루어지다
2장 _ 행군 준비 완료

나를 위한 기도

하나님의 말씀을 통해 내적인 훈련을 잘 쌓아가게 하시고 세상 앞에서 당당한 모습으로 설 수 있게 하소서.

공동체를 위한 기도

20세 이상으로 전쟁에 나갈 수 있는 사람들의 사명이, 공동체의 연약한 사람들을 보호하는 일에 있음을 기억하는 성숙한 교회가 되게 하소서.

전도대상을 위한 기도

하나님의 마음 알아가기

삶으로 실천하기

February
2/13
44

창세기 말라기

민수기 3~4장

구별된 레위 지파 계수

Tong Point 열두 지파의 장자들을 대신해서 하나님을 섬길 사람들로 구별된 레위 지파들은 따로 계수되었고, 중요한 임무를 맡습니다.

찬양

날 대속하신 예수께
새 찬송가 321장 〈통 351장〉

하나님의 마음 보기

민수기 3, 4장에서는 레위 자손들을 따로 계수하고 있습니다. 인구조사 결과, 레위 지파 자손들 가운데 1개월 이상 된 남자는 22,000명이었으며, 레위 지파를 뺀 나머지 모든 지파에서 1개월 이상 된 장자(長子)는 22,273명이었습니다. 조사해놓고 보니 숫자가 비슷합니다. 이것은 하나님의 경영하심이 있었기 때문입니다. 출애굽 사건 때 하나님의 말씀에 따라 양의 피를 문설주와 인방에 발랐던 모든 이스라엘 가정의 장자는 생명을 건질 수 있었습니다. 하나님께서는 "이스라엘 자손 중에서 사람이나 짐승을 막론하고 태에서 처음 난 모든 것은 다 거룩히 구별하여 내게 돌리라 이는 내 것이니라"(출 13:2)고 하셨습니다. 그 장자들을 대신해서 하나님을 섬길 사람들로 레위인을 선택하신 것입니다. 그리고 하나님께서는 레위 지파 남자의 수와 다른 모든 지파 장자의 수와의 차이인 273명에 대해서는 성소의 세겔대로 계산하여 제사장에게 바치라고 명령하십니다. 이는 레위 지파 자손들이 다른 지파의 장자를 대신하여 속하게 하기 위함입니다.

민수기 1장에서 시작된 인구조사는 민수기 4장에 이르러 일단락됩니다. 4장에서는 그 가운데 회막에서 섬길 수 있는 사람들의 숫자를 세도록 하십니다.

각 장의 중요 Point

3장 _ 구별과 대속
4장 _ 사랑과 정열을 당신에게

나를 위한 기도

주님의 일을 위해 중요하게 쓰임 받는 사람이 되도록 제 자신을 말씀과 기도와 실력으로 잘 준비하게 하소서.

공동체를 위한 기도

장자를 통해 제사장 나라의 꿈이 시작되고, 레위 지파가 백성에게 율례와 법도를 가르치며 섬겼듯이 한국 교회가 이 귀한 사명을 감당하게 하소서.

전도대상을 위한 기도

하나님의 마음 알아가기

삶으로 실천하기

February
2/14

45

창세기 말라기

민수기 5~6장

구별과 헌신

Tong Point 이스라엘 백성의 숫자를 계수하고 회막 중심의 진영을 갖춘 후, 하나님께서는 이스라엘 공동체를 정결하게 하는 작업을 시행하십니다.

찬양

나의 죄를 정케 하사
새 찬송가 320장 <통 350장>

하나님의 마음 보기

이제 하나님께서는 이스라엘 공동체 안에 있는 거룩하지 못한 모습을 정결하게 하는 작업을 시작하십니다. 하나님께서는 이스라엘 공동체의 부정한 사람에 대한 법, 하나님과의 불완전한 관계를 해소하는 법, 부부와의 관계에서 정결을 구별하는 법을 가르쳐주십니다. 하나님의 백성으로 부름 받은 이스라엘은 하나님의 거룩하심에 걸맞은 삶을 살도록 요구받는 것입니다. 공동체 내의 거룩이 지켜지지 않는다면, 이스라엘은 약속의 땅을 향하여 한 걸음도 나아갈 수 없습니다.

민수기 1장에서 성막에서 봉사하며 하나님을 섬기는 일을 맡은 지파는 레위 지파였습니다. 뿐만 아니라 하나님께서는 레위 지파 외에 다른 지파 백성 중에서 하나님을 성소 가까이에서 섬기기를 원하는 사람을 위해 나실인 법을 제정하셔서 모든 지파에게 섬김의 길을 열어놓고 계십니다. 나실인 법은 레위 지파가 아닌 사람이 자신의 선택으로 자원하여 하나님을 섬기는 제도입니다. 남자든 여자든 상관없이 자신이 시간을 정하여 그 시간만큼은 철저하게 하나님을 섬기는 것입니다. 하나님께서는 이 법률을 제정하시면서 자원하여 하나님을 섬기는 백성이 많이 나오기를 기대하셨을 것입니다.

각 장의 중요 Point

5장 _ 관계 속에서의 거룩
6장 _ 바쁜 현대인들에게도

나를 위한 기도

하나님을 사랑하는 마음으로 나 자신을 거룩하게 구별하게 하시고 늘 자원하는 심령으로 언제든 헌신하게 하소서.

공동체를 위한 기도

우리 교회가 혼탁한 이 시대 속에서 하나님의 말씀으로 정결케 되어, 21세기에 복되고 아름답게 쓰임 받는 공동체가 되게 하소서.

전도대상을 위한 기도

하나님의 마음 알아가기

삶으로 실천하기

February
2/15

46

창세기 — 말라기

민수기 7~8장

열두 지파가 드린 예물

Tong Point 모든 진영이 갖추어진 후, 열두 지파의 각 지휘관들이 하나님께 동일한 예물을 드리고, 레위인들은 하나님께 요제로 드려집니다.

찬양

내게 있는 모든 것을
새 찬송가 50장 〈통 71장〉

하나님의 마음 보기

정결 작업을 마치고, 각 지파의 진영과 그 가운데 성막이 세워집니다. 모든 진영이 갖추어진 후 거룩히 구별한 날이 이르자, 열두 지파의 각 지휘관들이 하나님께 예물을 드리러 나옵니다. 성막 봉헌식에 덮개 있는 수레 여섯과 소 열두 마리를 드려 회막 봉사에 사용하도록 하고, 유다 지파를 선두로 해서 매일 한 지파씩 동일한 예물을 12일 동안 드립니다. 각 지파의 지휘관들이 드리는 이 예물은 이스라엘 백성이 자신의 예물을 드리는 첫 시작점이 됩니다. 하나님께서는 각 지파의 지휘관들이 내어놓은 이 예물을 레위인에게 주어 각기 직임대로 회막 봉사를 하는 데에 사용하게 하십니다. 각 지파들의 헌신이 이스라엘이 하나님을 섬기는 데 사용되고 있는 것입니다.

하나님께서는 이제 제사장을 도와 하나님의 일을 하는 사람들로 레위인을 선택하시고, 그들을 요제로 드리게 하십니다. 그러나 레위인에게는 제사장에게 주어지는 특권이 동일하게 주어지지 않습니다. 하지만 레위인이 없다면, 제사장들은 그 직임을 제대로 감당할 수 없습니다. 이들의 역할은 하나님 중심의 이스라엘을 실현하기 위해 꼭 필요한 것이었습니다.

각 장의 중요 Point

7장 _ 받으시는 기쁨
8장 _ 화려한 작업복은 없을지라도

나를 위한 기도

나에게 맡겨진 일에 대해서 기본적으로 감사한 마음을 갖게 하시고 정해진 규칙을 따라 하되 최선을 다하게 하소서.

공동체를 위한 기도

하나님께서 이스라엘 가운데 레위인들을 특별히 선택하여 구별하셨듯이, 거룩하게 세움을 받은 교회 공동체가 시대 앞에 귀한 사명을 감당하게 하소서.

전도대상을 위한 기도

하나님의 마음 알아가기

삶으로 실천하기

February
2/16
47

창세기 말라기

민수기 9장~10:10

출발을 위한 최종 준비

Tong Point 출애굽한 지 1년이 지난 날, 이스라엘 백성은 두 번째 유월절을 지키면서 하나님의 은혜를 되새기고, 출발을 준비합니다.

찬양

황무지가 장미꽃같이
새 찬송가 242장 〈통 233장〉

하나님의 마음 보기

지난 1년 동안 하나님께서는 이스라엘 백성과 함께하시며 그들에게 거룩한 백성, 제사장 나라의 꿈을 주셨습니다. 이제 이스라엘 백성이 지난 세월을 추억하며 두 번째 유월절을 지키고 있습니다. 애굽에서 있었던 첫 번째 유월절에 이은 광야에서의 유월절은 여러모로 큰 의미가 있습니다. 애굽에서의 첫 유월절 의미를 되새기며 하나님께 진정한 감사가 올려진 광야에서의 첫 유월절이었기 때문입니다. 두 번째 유월절을 지키면서 이스라엘 백성은 "여호와께서 모세에게 명하신 것을 다 따라 행하였더라"(민 9:5)는 기록을 남기고 있습니다. 경이로운 수준으로 이스라엘이 훈련됐다는 증거입니다.

지난 1년 동안 그들에게는 놀라운 일들이 있었습니다. 성막이 지어졌고, 그 위에 하나님의 영광이 임하는 것을 체험하였습니다. 하나님의 거룩한 백성으로 살아가는 데 꼭 필요한 규례도 제정받았습니다. 그리고 이제 처음으로 출애굽 당시의 상황을 재현하며 하나님의 은혜를 기억하는 유월절을 맞이한 것입니다. 이스라엘 백성은 두 번째 유월절을 지키면서 하나님께서 그들을 얼마나 사랑하고 계시는지 충분히 깨닫게 되었을 것입니다.

각 장의 중요 Point

9장 _ 그 날을 되새기며
10장 _ 열정과 땀이 어우러질 때 꿈은 현실이 됩니다

나를 위한 기도

내 인생을 도우시고 인도하시는 하나님이심을 믿고 늘 주님의 말씀을 따라 승리하는 여정이 되게 하소서.

공동체를 위한 기도

이스라엘 백성이 유월절을 지키며 하나님의 은혜를 기억했듯이, 우리 공동체가 지금까지 지켜주신 하나님의 사랑을 깨달아 가게 하소서.

전도대상을 위한 기도

하나님의 마음 알아가기

삶으로 실천하기

창세기 말라기

February
2/17
48

민수기 10:11~12장

시내 산에서 가데스까지의 진군

Tong Point 가나안을 향해 출발하였지만, 아직 성숙하지 못한 백성의 불평이 계속되었고, 하나님은 그들에게 진노하십니다.

찬양

복의 근원 강림하사
새 찬송가 28장 〈통 28장〉

하나님의 마음 보기

둘째 해 둘째 달 스무 날, 시내 산을 떠날 시간이 되었습니다. 민수기 10:11-12장에는 이스라엘 백성이 시내 산에서 가데스 바네아까지 진군하는 이야기가 기록되어 있습니다. 그러나 이스라엘은 아직 완전히 준비되지 못한 모습을 보입니다. 그들은 하나님의 마음을 이해하지 못하고, 사소한 것에 집착하여 원망하고 불평합니다. 모세가 백성들로 인해 힘든 속마음을 드러내자, 하나님께서는 장로 70인을 세워 하나님의 영을 부어주시고 예언하게 하십니다. 또한 고기가 없다고 불평하는 이스라엘 백성에게 메추라기를 풍족히 주어 먹게 하십니다. 하지만 이스라엘 백성은 모세의 권위에 대해 계속 불만을 품었고, 모세와 가장 가까운 사람들이 모세를 비방합니다. 모세가 구스 여인을 취하자 미리암과 아론이 모세의 잘못을 들추어내면서 모세의 지도력을 깎아내린 것입니다.

하나님께는 모세의 권위가 세워지는 것이 중요한 문제였습니다. 이스라엘을 인도하기 위해서는 지도자 모세의 리더십이 꼭 필요하기 때문입니다. 이 일로 미리암은 한센병에 걸려 7일간 진영 밖에 머무르게 됩니다. 모세는 자신에 대한 원망과 비방을 온유함으로 참았고, 하나님께서는 그런 그의 권위를 세워주셨습니다.

각 장의 중요 Point

10장 _ 열정과 땀이 어우러질 때 꿈은 현실이 됩니다
11장 _ 우리에게 고기를!
12장 _ 모세는 건드리지마!

나를 위한 기도

주변인의 허물이나 약점을 비방하지 않게 하시고 오히려 주님의 사랑과 덕으로 잘 감싸주는 따뜻한 사람이 되게 하소서.

공동체를 위한 기도

우리 공동체가 하나님을 오해하여 불평하기보다는, 말씀을 잘 배워 하나님의 명령에 기쁨으로 순종하기를 원합니다.

전도대상을 위한 기도

하나님의 마음 알아가기

삶으로 실천하기

February
2/18
49

창세기 말라기

민수기 13~14장

가나안 정탐과 출애굽세대의 선택

Tong Point 믿음 없는 정탐꾼들의 보고를 듣고 두려움에 사로잡힌 백성은 입(入)애굽을 주장하며 하나님을 거역합니다.

찬양

자비한 주께서 부르시네
새 찬송가 531장 〈통 321장〉

하나님의 마음 보기

드디어 이스라엘이 약속의 땅 가나안 근처에 도착하였습니다. 하나님께서는 모세에게 가나안 땅을 탐지할 사람들을 각 지파에서 한 명씩 선발하라고 하십니다. 선발된 12명은 40일 동안 가나안 땅을 두루 정탐한 후 돌아와 보고합니다. 그런데 정탐을 마치고 돌아온 12명 중 10명과 2명의 이야기가 판이하게 다릅니다. 여호수아와 갈렙 두 사람만이 하나님을 믿는 믿음으로 그 땅을 취할 수 있을 거라 말하고, 나머지 10명의 정탐꾼들은 기골이 장대한 가나안 거민들과 싸워 이기는 것은 도무지 불가능한 일이라고 주장한 것입니다. 이 보고를 들은 모든 백성이 요동합니다. 그동안 하나님께서 베푸신 기적을 직접 보았음에도 불구하고, 이스라엘 백성은 가데스 바네아 바란 광야에서 애굽으로 돌아가겠다는 잘못된 선택을 합니다.

이 일로 인해 하나님께서는 가나안 정복 계획을 40년 후로 연기하실 것이라고 말씀하십니다. 지금 하나님을 거역한 출애굽세대들은 모두 광야에서 죽고, 그들의 자녀들이 가나안에 들어갈 것이라고 하십니다. 하나님께서는 광야학교에 출애굽세대의 자녀들인 만나세대를 입학시키셔서 하나님의 거룩한 백성 됨의 교육을 다시 시작하십니다.

각 장의 중요 Point

13장 _ 용기 있는 자와 두려워하는 자
14장 _ 일 년으로 환산(換算)

나를 위한 기도

내 인생의 거인 앞에서 두려워 떨지 않게 하시고 하나님의 자녀답게 담대하게 입을 열어 주님의 위대하심을 고백하게 하소서.

공동체를 위한 기도

우리 교회가 믿음 없는 정탐꾼들이 되기보다는, 여호수아와 갈렙처럼 하나님의 약속을 신뢰하며 믿음으로 응답하는 공동체가 되기를 원합니다.

전도대상을 위한 기도

하나님의 마음 알아가기

삶으로 실천하기

Worship
소그룹예배

민수기 이야기

민수기 1–14장

기도로 예배를 시작합니다.

이 시간, 우리가 함께 모여 하나님께 드리는 이 예배를 기뻐 받아주시고, 예배드리는 가운데 하나님의 마음과 뜻을 깨달아 알 수 있도록 지혜를 주소서.

함께 **찬양**을 부르세요.

"지금까지 지내온 것" 새 찬송가 301장(통 460장)

성경을 **소리 내어** 함께 읽고 오늘 본문의 **통通 이야기**를 들려주세요.

* 민수기 1장 1-19절

민수기는 영어로 Numbers, 즉 '숫자들'이라는 뜻입니다. 아브라함의 가문에서 시작한 이스라엘은 애굽을 나올 때 장정만 60만 명에 이르는 큰 민족이 되었습니다. 애굽을 나온 이스라엘 백성들이 광야에서 두 번에 걸친 인구조사를 하는 이야기가 바로 민수기입니다. 이스라엘 백성들은 하나님의 보호하심 아래 살아갑니다.

말씀을 통해 알 수 있는 **하나님의 마음**을 생각하며 함께 마음을 나눕니다.

* 모세가 쓴 구약성경은 다섯 권입니다. 무엇, 무엇입니까?

* 노예였던 이스라엘이 이제 큰 민족이 되었습니다. 민족을 지킬 수 있는 사람들이 많아졌습니다. 우리는 민족과 국가를 지키기 위해 어떻게 행동해야 합니까?

서로 **축복의 말**을 함께 나눕니다.

"여호와께서 당신에게 복을 주시고 지키시기를 원합니다."

함께 기도하며, 연이어 주님이 가르쳐주신 기도로 예배를 마칩니다.

성경 말씀을 통해 복에 대해 가르쳐주시니 감사합니다. 항상 부모님과 형제들, 이웃에게 축복의 말을 전하는 우리가 되게 해주소서.

February
2/19

50

창세기 말라기

민수기 15~17장

이스라엘의 불순종과 하나님의 은혜

Tong Point 하나님께서는 하나님께 불순종하며 불평하는 자들을 처벌하시고 제사장 아론의 권위를 높여주십니다.

찬양

누가 주를 따라
새 찬송가 459장 <통 514장>

하나님의 마음 보기

이스라엘 백성의 믿음 없는 선택으로 인해 가나안 입성이 40년 후로 연기되었습니다. 그럼에도 불구하고 하나님께서는 다시 모세에게 "내가 주어 살게 할 땅에 들어가서"(민 15:2)라고 말씀하시며 하나님의 약속은 여전히 유효함을 알려주십니다. 하지만 이스라엘 백성은 자신들의 잘못을 반성하기보다는 가나안에 들어가지 못하게 된 결과만 놓고 지도자 모세에게 불만을 드러냅니다. 또한 제사장의 직분을 탐내고 있던 몇몇 레위인들이 일부 백성들을 선동하여 모세에 대항하는 당을 만들고 반역합니다.

결국 이 위기는 하나님의 직접적인 개입으로 해결됩니다. 무리를 선동했던 고라, 다단, 아비람 가족은 땅이 입을 열어 그들을 삼키는 무서운 벌을 받습니다. 그들과 같은 편에 섰던 250명도 하나님의 불에 죽고, 이튿날 돌을 들어 모세와 아론을 치려 하는 백성들 가운데 14,700명이 염병에 걸려 죽습니다. 이 사건 후, 하나님께서는 모든 백성 앞에서 아론의 지팡이에 꽃이 피고 살구 열매가 맺히는 기적을 베풀어주심으로 제사장 아론의 권위를 다시 세워주십니다. 이를 통해 아론의 제사장 직분은 확고해지고, 이후 이스라엘은 제사장 중심의 사회로 발전하게 됩니다.

각 장의 중요 Point

15장 _ 사랑하기 때문에
16장 _ 250+14,700
17장 _ 뱁새가 어찌 황새의 뜻을 알리요

나를 위한 기도

신앙 공동체에 세우신 지도자들의 리더십을 존중하게 하시고 그들의 좋은 협력자가 되어 하나님의 나라를 이루어가게 하소서.

공동체를 위한 기도

하나님께서 공동체 가운데 세우신 지도자들의 권위를 인정하며, 공동체의 아름다운 꿈을 향해 동역하게 하소서.

전도대상을 위한 기도

하나님의 마음 알아가기

삶으로 실천하기

February
2/20
51

창세기 말라기

민수기 18~19장

제사장과 레위인의 사명

Tong Point 제사장과 레위인들을 구별하여 세우신 하나님께서는 그 직분에 따른 특권과 사명을 주시고 소금 언약을 맺어주십니다.

찬양

예수 나를 오라 하네
새 찬송가 324장 〈통 360장〉

하나님의 마음 보기

제사장 아론의 권위를 확고히 하신 하나님께서는 제사장을 도와줄 사람들로 레위인을 택하십니다. 그들에게 부여된 역할은 제사장을 도와 성막에서 봉사하는 것입니다. 하나님께서는 하나님과 이스라엘 백성 사이에서 중재자의 역할을 감당해야 했던 제사장과 레위인에게 영원한 기업이 되어주겠다고 말씀하십니다. 하나님께서는 농사나 목축을 통해 생계를 유지하지 못하는 레위인에게 십일조를 기업으로 주십니다. 또한 레위인 역시 백성들로부터 받은 십일조의 십일조를 하나님께 드리게 하는 등 하나님 앞에 이스라엘 자손의 성물이 거룩하게 사용될 수 있도록 여러 가지 규례를 주십니다.

민수기 19장에서는 '부정을 씻는 물'에 대해 기록하고 있습니다. 사람의 시체로 인해 이스라엘 회중이 부정해졌을 때, 그 부정을 씻을 물을 만드는 데에는 붉은 암송아지의 재가 필요했습니다. 그 재는 한 번도 멍에를 메지 않은 붉은 암송아지의 가죽과 고기, 피와 배설물까지 사르고 그 가운데 백향목과 우슬초와 홍색 실까지 함께 태워서 만든 것이었습니다. 사람이 정결하기를 원하시는 하나님께서는 부정을 씻을 물과 정결의 절차에 대해 세세하게 알려주십니다.

각 장의 중요 Point

18장 _ 선물 – 제사장 직분
19장 _ Clean, Unclean

나를 위한 기도

하나님의 자녀로 나를 불러주시고 세우신 은혜에 감격하며 하나님께 드릴 것을 거룩히 구별하여 드리게 하소서.

공동체를 위한 기도

하나님께서 구별하여 세우신 제사장과 레위인들에게 그 직분에 따른 특권과 사명이 있음을 기억하는 교회 공동체가 되기를 원합니다.

전도대상을 위한 기도

하나님의 마음 알아가기

삶으로 실천하기

February
2/21
52

창세기 말라기

민수기 20~21장

가나안에 갈 수 없게 된 모세

Tong Point 백성의 불평 끝에 모세는 반석을 쳐서 물을 내고, 이 일로 말미암아 모세는 가나안에 들어가지 못하게 됩니다.

찬양

너 시험을 당해
새 찬송가 342장 〈통 395장〉

하나님의 마음 보기

모세의 누나 미리암이 죽어 신 광야 가데스에 장사됩니다. 그런데 미리암을 잃은 슬픔이 가시기도 전, 백성들이 또다시 모세와 아론을 원망하기 시작합니다. 그러자 하나님께서 모세로 하여금 반석에게 '명령하여' 물을 내라고 하십니다. 그런데 모세는 손을 들어 지팡이로 반석을 '쳐서' 물이 나오게 합니다. 이것으로 백성들의 원성은 잠재울 수 있었지만, 하나님께서는 모세와 아론에게 중대한 선언을 하십니다. 그들이 하나님의 거룩함을 나타내지 않았으니, 가나안 땅에 들어갈 수 없다는 것입니다. 이후에 모세가 하나님께 몇 차례 간구하지만 하나님께서는 그저 가나안 땅을 멀리서 바라보는 것으로 만족하게 하십니다.

하지만 모세는 자신이 가나안에 들어갈 수 없음에도 불구하고, 그의 남은 삶을 소홀히 하지 않습니다. 아론이 호르 산에서 죽고, 어느덧 40년의 세월이 차고 점차 가나안에 가까워집니다. 그런데 이스라엘 백성이 '걷는 길'로 인해 또다시 하나님을 원망합니다. 원망에 대한 징계로 그들은 불뱀에 물리지만, 모세의 중보로 말미암아 장대 위에 매단 놋뱀을 보고 살 수 있었습니다. 또 이스라엘은 점차 여러 이방 족속들과 전쟁을 치러야 했는데, 요단 동편을 점령할 때 모세가 그 전쟁을 이끕니다.

각 장의 중요 Point

20장 _ 모세의 기분과 하나님의 거룩
21장 _ 불평하는 자에게 불뱀을

나를 위한 기도

하나님의 말씀을 경청하는 마음을 주시고, 듣고 읽고 깨달은 바를 그대로 실천하는 순종의 사람이 되게 하소서.

공동체를 위한 기도

40년 동안 광야에서 이스라엘 백성들을 먹이시고 입히셨던 하나님께서 우리 민족에게 은혜와 복을 내려주시길 원합니다.

전도대상을 위한 기도

하나님의 마음 알아가기

삶으로 실천하기

February
2/22

53

창세기 말라기

민수기 22~25장

하나님 군대의 명성

Tong Point 이스라엘에 대한 두려움에 떨던 모압 왕 발락이 이스라엘을 저주하고자 시도하지만, 오히려 이스라엘은 큰 축복을 받습니다.

찬양

어두운 내 눈 밝히사
새 찬송가 366장 〈통 485장〉

하나님의 마음 보기

40년간 하나님의 도우심으로 훈련 받은 이스라엘은 가나안 근처에 이르렀을 즈음, 주변국들에게 명성을 떨칠 만한 하나님의 군대로 변모되어 있었습니다. 그러자 모압 왕 발락이 이스라엘에 대한 소문을 듣고 두려워 떱니다. 고민 끝에 그가 찾은 대책은 발람을 불러다가 이스라엘을 저주하도록 하자는 것이었습니다. 그러나 발람은 하나님의 말씀을 듣고 모압 장로들과 함께 발락에게 가지 않고 발락의 사신들을 되돌려 보냅니다. 하지만 어리석은 발락은 이스라엘을 저주하려는 시도를 포기하지 않습니다. 하나님께서는 발람으로 하여금 이스라엘을 축복하게 하심으로 외부의 위기를 모두 막아주십니다.

그러는 사이 이제는 이스라엘 내부에서 위기가 발생합니다. 일부 이스라엘 백성이 모압 여자들과 음행을 저지른 것입니다. 그들의 음행은 모압의 신을 섬기는 데까지 나아가고 말았습니다. 위기의 순간, 아론의 손자 비느하스의 용기 있는 행동으로 다행히 민족의 멸망은 막을 수 있었지만, 이 일로 인해 이스라엘 백성 2만 4천 명이 염병으로 죽어야 했습니다. 이 일이 있은 후 하나님께서는 비느하스와 그의 자손들에게 대대로 제사장직을 수행하게 하십니다.

각 장의 중요 Point

22장 _ 왕의 초대라 할지라도
23장 _ 불의의 삯을 사랑하는 자
24장 _ 발락의 실패
25장 _ 비느하스, 일어서다

나를 위한 기도

나의 입술이 믿음의 사람들을 격려하고 축복하는 데 쓰이게 하시고 제 주변에도 이러한 사람들로 가득하게 하소서.

공동체를 위한 기도

발락의 어떤 계획도 이스라엘 백성들을 향한 하나님의 약속을 무효화할 수 없었음을 기억하는 말씀의 공동체가 되기를 원합니다.

전도대상을 위한 기도

하나님의 마음 알아가기

삶으로 실천하기

창세기 말라기

February 2/23

54

민수기 26~27장

두 번째 인구조사–약속의 땅을 위한 준비

Tong Point 광야 생활을 정리하는 시점에, 두 번째 인구조사가 시행되고, 새로운 지도자로 여호수아가 세워집니다.

찬양

너 근심 걱정 말아라
새 찬송가 382장 〈통 432장〉

하나님의 마음 보기

하나님께서는 모세와 엘르아살에게 출애굽 이후 두 번째 인구조사를 시행하도록 하십니다. 1차 인구조사가 광야 생활을 막 시작한 시점에서 진 편성과 진행을 위해 계수한 것이라면, 2차 인구조사는 광야 생활의 막바지에 광야 생활을 정리하고 약속의 땅에 정착하기 위한 군대 조직 편성과 땅 분배를 위해 계수한 것이었습니다. 조사를 마치고 보니 전체 인구수는 601,730명으로, 1차 조사 때의 숫자 603,550명에서 큰 변동이 없었습니다. 여러 가지 열악한 조건의 광야 생활 중에서도 하나님께서 함께하시고 지키신 결과였습니다.

이제 모세는 약속의 땅 가나안을 눈앞에 두고 삶을 마감해야 합니다. 하지만 모세는 자신의 죽음을 놓고 슬퍼하거나 아쉬워하지 않고 오히려 이스라엘 백성을 염려하며 자신의 뒤를 이어 민족을 이끌어갈 새로운 지도자를 구합니다. 모세는 하나님의 명령대로 여호수아를 새 지도자로 세우고, 모든 존귀를 여호수아에게 돌림으로써 여호수아 체제를 견고히 합니다. 마지막 순간까지도 민족을 약속의 땅으로 인도하는 사명을 감당하고 있는 모세의 뒷모습이 아름답습니다.

각 장의 중요 Point

26장 _ 2차 인구센서스
27장 _ 물러나는 지도자

나를 위한 기도

열악한 상황에서도 하나님의 사랑은 늘 동일하심을 알게 하시고 더욱 부지런히 내 인생의 길을 걷게 하소서.

공동체를 위한 기도

40년 동안 변함없이 이스라엘 백성들을 보호하시고 인도해주셨던 그 하나님의 사랑이 우리 공동체를 향한 사랑이었음을 깨닫게 하소서.

전도대상을 위한 기도

하나님의 마음 알아가기

삶으로 실천하기

February
2/24
55

창세기 말라기

민수기 28~30장

거룩한 절기와 제사

Tong Point 이스라엘은 정해진 거룩한 절기들을 지키는 가운데 하나님과 가까워지며, 그분을 공동체의 주인으로 모시고 살아가게 됩니다.

찬양

하늘에 가득 찬 영광의 하나님
새 찬송가 9장 〈통 53장〉

하나님의 마음 보기

하나님께서는 이스라엘 백성에게 절기와 제사 규례를 말씀하십니다. 이스라엘 백성에게 시기를 정하여 예물을 드리도록 하시는데, 이는 하나님이 어떤 분이신지 되새기며 그분을 인정하는 행위입니다. 특히 이스라엘에게 있어 출애굽 사건은 잊어서는 안 되는 중요한 일입니다. 하나님께서 출애굽을 허락하신 이유와 목적대로 하나님을 섬기는 민족으로 살아가는 것이 이스라엘 민족의 지향점이기 때문입니다. 출애굽은 이스라엘 역사의 시작입니다. 그 사건을 기념하기 위한 유월절은 이스라엘의 가장 중요한 절기로, 첫째 달 14일부터 시작됩니다.

그로부터 약 6개월이 흘러 일곱째 달에 이르면 세 가지 절기를 지켜야 합니다. 곧 민수기 29장에서 소개되고 있는 나팔절(초하루), 속죄일(열째 날), 장막절(열다섯째 날)입니다. 또한 하나님께서는 이스라엘 백성에게 매주 안식일을 지키라고 명령하셨습니다. 이러한 절기들을 통하여 하나님을 섬기는 자세를 훈련할 수 있는 기회가 더 풍성해지는 것입니다. 이 절기들은 세월이 흐르고 시대가 변해도 이스라엘 공동체의 중심이요, 신앙의 중심이 되는 중요한 날들입니다.

각 장의 중요 Point

28장 _ 민족혼을 심어가는 문화교육
29장 _ 관계의 지속을 위하여
30장 _ 여성의 하나님

나를 위한 기도

내가 감당하고 있는 모든 신앙의 행위와 훈련을 통해 하나님과 더욱 친밀한 삶을 영위하게 하소서.

공동체를 위한 기도

이스라엘이 절기를 지키며 하나님을 공동체의 주인으로 모시고 살아갔듯이, 우리 공동체가 주일을 잘 지키며 하나님을 왕으로 모시는 공동체가 되게 하소서.

전도대상을 위한 기도

하나님의 마음 알아가기

삶으로 실천하기

February
2/25
56

창세기 말라기

민수기 31~32장

모세와 요단 동편 땅들

Tong Point 모세는 요단 동편 땅을 점령하고 그 땅을 두 지파 반에게 분배하여 주는데, 이후 그들은 가나안 서편 전쟁의 선봉대가 됩니다.

찬양

십자가 군병들아
새 찬송가 352장 〈통 390장〉

하나님의 마음 보기

모세는 마지막 사명이라 할 수 있는 미디안과의 전쟁을 수행합니다. 하나님의 도우심으로 이스라엘 백성은 큰 승리를 거두었고, 가나안 땅을 점령할 수 있다는 강한 자신감을 갖게 되었습니다. 장차 이스라엘이 거주할 땅은 요단 강을 중심으로 동쪽과 서쪽으로 나누어집니다. 요단 강 동쪽은 이미 점령했고 이제 서쪽이 남아 있습니다. 그런데 요단 서쪽 지역을 점령하기 전에 동쪽 지역에 머물겠다고 하는 사람들이 생겼습니다. 그들은 르우벤 지파와 갓 지파와 므낫세 반(半) 지파입니다. 이들 지파들은 많은 가축 떼를 소유하고 있어서 목축에 용이한 땅이 필요했습니다. 하지만 아직은 땅을 점령할 때이지, 분배할 때가 아닙니다. 요단 동편에 머물겠다는 이들의 제안은 자칫 다른 지파들의 사기를 떨어뜨릴 수도 있었기 때문에 그들의 제안을 들은 모세가 처음에는 화를 냅니다.

그런데 그들은 모세에게 자신들이 요단 서편의 점령이 다 끝날 때까지 전쟁의 선봉대로 서겠다고 말합니다. 이들의 제안은 받아들여졌고, 목축업에 유리했던 요단 동편 땅은 르우벤 지파, 갓 지파, 므낫세 반 지파에게 분배되었습니다.

각 장의 중요 Point

31장 _ 절반은 회중에게, 절반은 군인에게
32장 _ 함께 가자 우리 이 길을

나를 위한 기도

나에게 허락하신 생활의 다양한 기득권들을 가지고 하나님의 사람들과 공동체를 세우는 데 기꺼이 드릴 수 있는 실천력을 주소서.

공동체를 위한 기도

요단 동편을 차지한 르우벤, 갓, 므낫세 반 지파가 향후 있을 전쟁의 선봉을 맡았듯이, 우리 공동체가 이 나라와 민족을 위해 먼저 헌신하게 하소서.

전도대상을 위한 기도

하나님의 마음 알아가기

삶으로 실천하기

Worship 소그룹예배

가나안에 들어갈 준비

민수기 15-32장

기도로 예배를 시작합니다.

이 시간, 우리가 함께 모여 하나님께 드리는 이 예배를 기뻐 받아주시고, 예배드리는 가운데 하나님의 마음과 뜻을 깨달아 알 수 있도록 지혜를 주소서.

함께 **찬양**을 부르세요.

"찬송으로 보답할 수 없는" 새 찬송가 40장(통 43장)

성경을 **소리 내어** 함께 읽고 오늘 본문의 **통通 이야기**를 들려주세요.

* 민수기 27장 12-23절

약속의 땅 가나안에 들어갈 준비를 합니다. 하나님께서는 광야 생활을 정리하고 가나안 땅을 각 지파에게 나누어주고 지키기 위해 두 번째 인구조사를 행하게 하셨습니다. 그리고 모세는 이스라엘 백성을 이끌 새로운 지도자를 세우며 마지막 순간까지 최선을 다합니다.

말씀을 통해 알 수 있는 **하나님의 마음**을 생각하며 함께 마음을 나눕니다.

* 이스라엘 백성이 가나안에 들어갔을 때 땅을 잘 나누어주기 위해 하나님께서 두 번째 인구조사를 시행하셨습니다. 첫 번째 조사와 두 번째 조사를 살펴봅시다.

* 모세는 새로운 지도자로 여호수아를 세웁니다. 우리도 우리 가정과 교회의 미래를 위해 어떤 준비를 할 것인지 서로 생각을 나누어봅시다.

서로 **축복의 말**을 함께 나눕니다.

"오늘도 하나님께서 우리를 극진히 보호하십니다."

함께 기도하며, 연이어 주님이 가르쳐주신 기도로 예배를 마칩니다.

우리에게 빛나는 미래를 열어주시는 하나님 감사합니다. 항상 하나님께 간절히 기도하며 주님의 뜻대로 성실히 한 걸음 한 걸음 삶을 살도록 이끌어주소서.

February
2/26
57

창세기 ─ 말라기

민수기 33~36장

이스라엘의 여정과 도피성

Tong Point 이스라엘은 광야 40년 동안 걸어온 여정을 회고하고, 그들이 들어갈 가나안 땅에 대한 경계를 미리 확정받습니다.

찬양

주 날개 밑 내가 편안히 쉬네
새 찬송가 419장 〈통 478장〉

하나님의 마음 보기

민수기 33장에 등장하는 장소 하나하나는 지금까지 하나님께서 그들을 어떻게 인도하셨는지 생생한 기억들이 남아 있는 장소들입니다. 이어지는 민수기 34장에는 이제 그들이 정착할 가나안 땅의 구체적인 규모와 지역이 나타나 있으며, 35장에는 레위인들에게 주어질 성읍들에 관해 언급되어 있습니다. 하나님께서는 따로 분깃을 얻지 못한 레위 지파에게 이스라엘 자손이 얻은 기업에서 48개 성읍과 그 사면 초장을 나누어주십니다. 그들에게는 각 지역에서 백성들을 가르치며 각 지파가 하나님 중심으로 움직일 수 있도록 돕는 역할이 주어집니다.

또한 하나님께서는 무고한 피 흘림을 방지하기 위해 도피성을 허락하십니다. 의도하지 않은 불상사가 생긴 경우에 놓인 사람들의 처지를 생각해주신 것입니다. 약속의 땅 가나안에서 지키고 행해야 할 큰 원칙은 이미 확정되었고 공포되었습니다. 하지만 정해진 원칙과 제도에 맡길 수 없는 범위의 사건이 일어날 수 있는 경우를 위해 특별법도 제정해주십니다. 민수기 36장에 나온 땅 분배와 상속에 관한 법이 그 예입니다.

각 장의 중요 Point

33장 _ 그들의 탈출기
34장 _ 약속의 땅이 펼쳐지다
35장 _ 그들만의 성(城)
36장 _ 특별법

나를 위한 기도

내 인생의 여정 가운데 함께하시는 하나님이심을 신뢰하며 오늘도 하나님께서 정해주신 경계 안에서 승리하게 하소서.

공동체를 위한 기도

모세에서 여호수아로 성공적인 리더십의 계승이 있었듯이, 이 나라와 민족 가운데 아름다운 리더십의 계승이 넘치기를 원합니다.

전도대상을 위한 기도

하나님의 마음 알아가기

삶으로 실천하기

February
2/27
58

창세기 말라기

신명기 1~2장

광야 여정에 대한 회고와 반성 1

Tong Point 모세는 출애굽과 40년 광야 생활 동안 있었던 하나님의 은혜와 백성의 불순종을 회고하며 고별사를 시작합니다.

찬양

예수를 나의 구주 삼고
새 찬송가 288장 〈통 204장〉

하나님의 마음 보기

신명기는 가나안을 향해가는 만나세대들을 위해 모세가 마지막 혼신을 다하여 준비한 역사 특강이자, 모세의 유언과도 같은 설교입니다. 신명기 1-4장은 출애굽과 광야 생활을 회고한 말씀으로, 새롭게 펼쳐질 가나안 시대의 밑거름이 되고 있습니다. 먼저 신명기 1-2장에는 지파의 수령을 세운 일과 가데스 바네아 사건의 회상, 에돔과 모압과 암몬 족속을 멸하지 말라는 말씀과 함께 헤스본을 진멸한 일이 기록되어 있습니다.

이스라엘 백성은 출애굽한 직후 홍해의 위기 앞에서 하나님께서 베푸신 기적을 체험했습니다. 그럼에도 불구하고, 이스라엘 백성은 가나안의 정탐보고를 듣고 두려움에 떨며 하나님의 약속을 의심했습니다. 하나님에 대한 그들의 불신과 불순종은 약속의 땅을 포기하고 다시 애굽으로 되돌아가겠다는 선택으로 이어졌습니다. 결국 하나님께서는 가데스 바네아에서 불순종이라는 선택을 내린 그들에게 40년 동안 광야 생활을 이어가도록 하겠다는 결정을 내리셨습니다. 모세는 이 사건의 회고를 통해 하나님을 불신하고 원망했던 일이 앞으로는 다시 반복되지 않도록 경계하고 있습니다.

각 장의 중요 Point

1장 _ 돌아올 수 없는 다리를 건넜네
2장 _ 공존(共存)의 법칙

나를 위한 기도

믿음으로 감사하며 회고할 수 있는 인생을 살게 하시고 하나님의 동행하심을 오늘도 경험케 하소서.

공동체를 위한 기도

하나님께서 40년의 광야 생활을 통해 만나세대를 준비하셨듯이, 우리 교회 공동체가 하나님께서 준비하시는 대안이 되기를 원합니다.

전도대상을 위한 기도

하나님의 마음 알아가기

삶으로 실천하기

February
2/28

59

창세기 말라기

신명기 3~4장

광야 여정에 대한 회고와 반성 2

Tong Point 40년 동안 불평 많은 백성을 이끌어온 모세는 말씀으로 훈련되어 변화된 백성을 기대하며 말씀을 전합니다.

찬양

나의 갈 길 다 가도록
새 찬송가 384장 <통 434장>

하나님의 마음 보기

신명기 3장에서 모세는 바산 왕 옥을 정복한 일과 요단 동편 땅을 분배한 과정에 대해서 회고합니다. 요단 동편의 땅을 분배한 후, 가나안 정복의 지도자로 여호수아가 세워졌습니다. 모세는 새로운 지도자인 여호수아를 격려하던 당시를 회고하며 앞으로 있게 될 가나안 정복에서도 하나님께서 그들과 함께하실 것이라는 확신을 심어줍니다.

모세는 "나는 이 땅에서 죽고 요단을 건너지 못하려니와 너희는 건너가서 그 아름다운 땅을 얻으리니"(신 4:22)라고 말하며 가나안에 들어갈 만나세대들을 위해 계속해서 중요한 당부들을 남깁니다. 특히 하나님께서 그들에게 주신 규례와 법도를 잘 지켜 준행하라고 말하며, 하나님 경외함을 자녀들에게 가르치라고 명령하셨던 하나님의 말씀을 상기시킵니다. 또한 모세는 우상의 형상들을 일일이 나열하며 우상을 만들지 말고 지금까지 그들을 인도해오신 하나님만 섬기라고 강조합니다. 이스라엘 백성이 그 어떤 것보다도 하나님과의 관계를 중요하게 여기며, 하나님만을 섬길 것을 당부하는 모세의 마음, 이 간절한 마음은 곧 하나님의 마음입니다.

각 장의 중요 Point

3장 _ 아쉬움은 깊어지고
4장 _ 존재(存在)의 이유

나를 위한 기도

내가 아직도 버리지 못하고 있는 우상들이 있다면 과감히 끊어내게 하시고 오직 하나님의 말씀으로만 살게 하소서.

공동체를 위한 기도

모세가 이스라엘 백성이 말씀으로 변화되기를 기대했던 것처럼, 이 시대를 향해 말씀의 사명을 잘 감당하는 교회 공동체가 되게 하소서.

전도대상을 위한 기도

하나님의 마음 알아가기

삶으로 실천하기

3

March

March
3/1
60

창세기 말라기

신명기 5~6장

하나님을 사랑하라는 모세의 당부

Tong Point 모세는 하나님께서 시내 산에서 주셨던 계명들을 다시 강조하며 하나님을 사랑하라고 간곡히 당부합니다.

찬양

네 맘과 정성을 다하여서
새 찬송가 281장 〈통 369장〉

하나님의 마음 보기

이제까지는 모세의 역사 특강 서론이었습니다. 모세가 이스라엘 백성에게 진심으로 당부하고 싶은 이야기들을 본격적으로 꺼냅니다. 신명기 5-11장에는 십계명과 여러 율법을 다시 한 번 강조하는 모세의 선포가 이어집니다.

오래전, 시내 산에서 하나님께서 친히 십계명을 주실 때 하나님의 음성을 직접 들었던 출애굽세대들은 모세와 여호수아, 갈렙을 제외하고 모두 세상을 떠났습니다. 그로부터 40여 년이 지난 지금, 모세는 하나님께서 친히 돌판에 새겨주셨던 하나님 사랑과 이웃 사랑의 열 가지 계명들을 만나세대들에게 다시 일깨웁니다. 특히 "이스라엘아 들으라"는 말로 시작되는 '쉐마'의 말씀은 단지 율법의 되풀이가 아니라, 지난 세월 동안 하나님을 사랑해온 모세가 만나세대에게 하나님 사랑하기를 간절히 당부하는 말씀입니다. "너는 마음을 다하고 뜻을 다하고 힘을 다하여 네 하나님 여호와를 사랑하라"(신 6:5). 모세가 이스라엘 백성에게 하나님을 사랑하라고 당부할 수 있었던 것은 그 자신이 하나님을 깊이 사랑했기 때문입니다. 자신의 삶 전체를 통해 하나님을 깊이 사랑했던 모세가 지금 이스라엘 백성에게 하나님을 사랑하라고 권고합니다.

각 장의 중요 Point

5장 _ 이것이 네 삶의 기준이다
6장 _ 내가 네게 주는 이 말은

나를 위한 기도

하나님의 말씀이 내 인생을 번성케 함을 알게 하시고 부지런히 그 말씀을 따라 하나님과 이웃을 사랑하며 살게 하소서.

공동체를 위한 기도

만나세대를 향해 하나님을 사랑하라는 모세의 당부를 기억하며, 자녀들을 말씀으로 잘 양육하는 교회 공동체가 되게 하소서.

전도대상을 위한 기도

하나님의 마음 알아가기

삶으로 실천하기

March
3/2
61

창세기 말라기

신명기 7~9장

명령과 순종

Tong Point 하나님의 온전한 긍휼과 은혜로 가나안에 들어가게 될 이스라엘 백성에게 하나님께서는 그 땅에 거룩한 문화를 세우라고 명하십니다.

찬양

어저께나 오늘이나
새 찬송가 135장 〈통 133장〉

하나님의 마음 보기

하나님께서는 이스라엘 백성에게 그들이 가나안에 들어갈 때에 가나안 족속을 진멸하라고 하십니다. 이스라엘이 그들과 가까워져서 그들이 섬기던 신들을 섬기게 되는 일이 없도록 하기 위함입니다. 모세는 하나님께서 이스라엘 백성을 택하신 이유가 하나님께서 그들을 사랑하셨기 때문이라고 단호하게 말합니다. 이스라엘 백성이 그 종 되었던 집에서, 애굽 왕 바로의 손에서 속량받은 이유는 온전히 하나님의 은혜요, 하나님의 신실하심으로 말미암았다는 것입니다.

모세는 하나님께서 주실 약속의 땅 가나안에서 이스라엘 백성이 누릴 복에 대해 이야기하며, 하나님의 명령과 법도와 규례를 지켜 행할 것을 당부합니다. 모세는 그와 같은 당부를 반복적으로 하고 있습니다. 왜냐하면 이스라엘 백성이 가나안 땅에서 소유가 풍부해지면 교만해져서 하나님을 잊게 될 것을 염려했기 때문입니다. 신명기 9장에서 모세는 이스라엘 백성이 반드시 가나안 땅에 들어가서 그 땅을 취할 것을 확신하며, 그 승리가 그들의 공의로움으로 인한 것이 아니라 아브라함과 이삭과 야곱과의 맹세를 지키시는 하나님으로 인한 것임을 강조합니다.

각 장의 중요 Point

7장 _ 바꿔!
8장 _ 광야학교 40년
9장 _ 너 때문이 아니야!

나를 위한 기도

하나님을 알지 못하는 문화 속에서 흔들리지 않는 믿음을 갖게 하시고 이 땅에 하나님의 거룩한 문화를 세우게 하소서.

공동체를 위한 기도

이스라엘이 가나안 땅에 들어가서 거룩한 문화를 세우기를 기대하신 하나님을 생각하며, 이 시대에 거룩한 문화를 세워가는 공동체가 되게 하소서.

전도대상을 위한 기도

하나님의 마음 알아가기

삶으로 실천하기

March
3/3
62

창세기 말라기

신명기 10~11장

하나님의 요구

Tong Point 하나님께서는 이스라엘 백성에게 출애굽과 광야 생활의 은혜를 잊지 말고, 하나님께서 주신 율법을 지키고 순종할 것을 요구하십니다.

찬양

주님의 마음을 본받는 자
새 찬송가 455장 〈통 507장〉

하나님의 마음 보기

하나님께서 이스라엘 백성에게 요구하시는 것은 40년 전이나 지금이나 변함이 없습니다. 그것은 바로 모세가 몇 번이나 강조하는 것처럼 "네 하나님 여호와를 경외하여 그의 모든 도를 행하고 그를 사랑하며 마음을 다하고 뜻을 다하여 네 하나님 여호와를 섬기고 내가 오늘 네 행복을 위하여 네게 명하는 여호와의 명령과 규례"(신 10:12-13)를 지키는 것입니다. 이어서 모세는 그들이 출애굽과 광야 생활을 하는 동안 체험했던 하나님의 크신 능력에 대해 회고합니다. 하나님께서 이스라엘 백성을 출애굽시키기 위해 베푸셨던 열 번의 기적과 홍해를 가르신 일, 다단과 아비람이 반역했을 때 땅이 입을 벌려 그들을 삼킨 일들을 상기시키며, 전능하신 하나님을 신뢰하고 그분의 명령에 순종하라고 당부합니다.

하나님의 명령을 청종하고 마음과 뜻을 다하여 하나님을 섬기면 이스라엘 백성이 복을 받게 될 것입니다. 그러나 하나님을 섬기지 않고 그 마음을 돌이켜 다른 신들을 섬기며 그것들에게 절하면 이스라엘 백성은 그 아름다운 땅에서 속히 멸망할 것입니다. 모세는 이스라엘 백성에게 그와 같은 말을 다시 한 번 강조하며, 하나님을 사랑하고 오직 하나님 한 분만 섬길 것을 간절하게 당부하고 있습니다.

각 장의 중요 Point

10장 _ 너, 나의 사랑이여
11장 _ 교육가의 정열

나를 위한 기도

세월이 흐르고 나이가 들어가도 하나님의 말씀은 변함없음을 깨닫고 나 자신을 더욱 새롭게 가꾸게 하소서.

공동체를 위한 기도

하나님께서 이스라엘에게 출애굽과 광야 생활의 은혜를 베푸셨듯이, 우리 민족에게 허락하신 은총을 기억하며 감사하게 하소서.

전도대상을 위한 기도

하나님의 마음 알아가기

삶으로 실천하기

창세기 말라기

March
3/4
63

신명기 12~14장

다시 들려주는 율법

Tong Point 모세는 가나안 입성을 앞둔 만나세대들에게 하나님의 율법을 다시 알려주며 가나안에서의 삶의 방식을 구체적으로 가르칩니다.

찬양

하나님 아버지 주신 책은
새 찬송가 202장 〈통 241장〉

하나님의 마음 보기

이제 모세는 40여 년 동안 실제 율법을 시행해본 경험에 근거하여 만나세대들에게 다시금 율법을 교육합니다. 신명기 12-26장의 내용은 '만나세대가 가나안 땅에서 어떻게 살 것인가'에 관한 구체적인 가르침이라고 할 수 있습니다. 하나님께서는 이스라엘이 가나안의 문화 대신 하나님의 문화를 세워가길 바라십니다. 하나님의 문화는 먹을거리, 십일조 등 생활과 밀접한 관련을 맺고 있는 것들에 관한 바람직한 문화입니다. 그 첫 번째 말씀이 바로 제사에 대한 내용입니다. 이스라엘이 하나님의 백성으로서 지켜야 할 말씀이 많이 있지만 그중에서 가장 우선되는 말씀은 하나님께 드리는 예배에 관한 말씀이었습니다. 그리고 그 예배는 하나님께서 택하신 곳에서 드려야 합니다.

신명기 14장에서 모세는 레위기에서 명령했던 말씀을 반복합니다. 그리고 정한 음식과 부정한 음식의 구체적인 예를 들어줍니다. 이런 모든 요구는 그들을 억압하기 위한 것이 아니라, 도리어 그들을 진정으로 자유하게 하기 위함입니다. 거룩하지 못한 행동을 버리고, 하나님께서 원하시는 거룩한 문화를 창조해나가야 할 사명이 하나님의 자녀 된 이스라엘 백성에게 있습니다.

각 장의 중요 Point

12장 _ 약속 장소
13장 _ OPEN TEST
14장 _ 자유를 위하여

나를 위한 기도

하나님의 사람으로 승리하는 삶을 살기 위해 음식과 물질을 구별하여 살 수 있는 지혜로운 자가 되게 하소서.

공동체를 위한 기도

가나안에서의 새로운 삶의 방식을 위해 하나님의 율법이 필요했듯이, 하나님께서 기뻐하시는 삶을 위해 말씀의 능력을 채워가는 공동체가 되게 하소서.

전도대상을 위한 기도

하나님의 마음 알아가기

삶으로 실천하기

Worship
소그룹예배

네 자녀에게 가르치라

민수기 33-36장, 신명기 1-14장

기도로 예배를 시작합니다.

이 시간, 우리가 함께 모여 하나님께 드리는 이 예배를 기뻐 받아주시고, 예배드리는 가운데 하나님의 마음과 뜻을 깨달아 알 수 있도록 지혜를 주소서.

함께 **찬양**을 부르세요.

"달고 오묘한 그 말씀" 새 찬송가 200장(통 235장)

성경을 **소리 내어** 함께 읽고 오늘 본문의 **통通 이야기**를 들려주세요.

* 신명기 6장 1-9절

모세는 가나안에 들어갈 만나세대에게 지난 40년 동안 하나님께서 베풀어주셨던 은혜에 대해 마지막으로 설교합니다. 네 차례에 걸쳐서 설교를 하는데 그 기록이 바로 신명기입니다. 모세는 이스라엘 백성에게 마음을 다하고 성품을 다하고 힘을 다하여 여호와를 사랑하라고 거듭 당부했습니다.

말씀을 통해 알 수 있는 **하나님의 마음**을 생각하며 함께 마음을 나눕니다.

* "이스라엘아 들으라"로 시작하는 '쉐마' (신 6:4-9)의 말씀을 외워봅시다.

* 모세가 당부한 대로 부모님과 자녀가 함께 성경을 가르치고 배우는 이 시간이 더욱 좋은 시간이 되도록 서로 지켜야 할 점이 있는지 의견을 나누어봅시다.

서로 **축복의 말**을 함께 나눕니다.

"마음을 다하고 뜻을 다하고 힘을 다하여 하나님을 사랑합니다."

함께 기도하며, 연이어 주님이 가르쳐주신 기도로 예배를 마칩니다.

사랑하는 온 가족이 언제나 함께 예배드릴 수 있기를 소망합니다. 날마다 말씀 안에서 하나 되는 우리 가정이 되게 해주소서.

창세기 말라기

March
3/5
64

신명기 15~17장

절기와 송사

Tong Point 이스라엘 백성은 율법에 따라 정기적으로 절기를 지키는 가운데 신앙 공동체로 훈련 받게 되며, 이웃과 함께 기쁨을 나눌 수 있습니다.

찬양

주 예수 이름 높이어
새 찬송가 37장 〈통 37장〉

하나님의 마음 보기

하나님께서는 이스라엘을 그 종 되었던 집에서 속량하시고 그들에게 면제년을 명령하십니다. 해방의 기쁨을 이미 맛본 이스라엘에게 종으로 남아 있는 이들을 자유케 하는 기쁨을 함께 누리자고 말씀하시는 것입니다. 애굽에서 종노릇했던 이스라엘이 이제는 가나안 땅의 주인이 될 것입니다. 더 나아가 그들은 거룩한 백성, 제사장 나라로서 사명을 감당하게 될 것입니다. 그러나 하나님께서는 이스라엘에게 과거 그들의 조상이 애굽에서 종이었다는 사실을 잊지 말고 반드시 기억하라고 하십니다.

신명기 16장에는 절기를 통한 부의 분배에 관한 내용이 이어집니다. 이스라엘의 모든 남자는 1년에 세 번, 곧 유월절, 칠칠절, 초막절에 하나님께 나아가야 합니다. 하나님께서 이러한 절기를 명령하신 이유는 그들이 정기적으로 신앙훈련을 받도록 하기 위함이었습니다. 또한 이스라엘의 절기는 약한 이웃과 함께 하나님 앞에서 즐거워하는 잔칫날입니다. 신명기 17장에서는 모세가 이제 자신이 없는 상황에서 판결을 어떻게 내릴 것인가에 대해 설명하고 있습니다. 계속해서 여호와의 율법이 가나안 땅에서 실행될 수 있도록 제도적 보완장치를 마련하고 있는 것입니다.

각 장의 중요 Point

15장 _ 언제나 기억해야 할 것은 너희도 종이었다는 사실이다
16장 _ 이웃을 위해 쓰는 날
17장 _ 법치국가를 위하여

나를 위한 기도

오늘도 기회가 주어지는 대로 연약한 사람들에게 주님의 사랑을 전하며 같이 즐거워하는 삶을 살게 하소서.

공동체를 위한 기도

이스라엘 백성이 절기를 지키며 신앙 공동체로 훈련받았던 것처럼, 교회 공동체가 절기문화를 잘 지킴으로 이웃과 함께 기쁨을 나누게 하소서.

전도대상을 위한 기도

하나님의 마음 알아가기

삶으로 실천하기

March
3/6
65

창세기 말라기

신명기 18~21장

약속의 땅을 위한 규례

Tong Point 하나님께서는 이스라엘 백성이 치를 가나안 정복 전쟁에 대해 미리 승리를 약속하시며, 그 땅에서 행할 규례들을 당부하십니다.

찬양

너 성결키 위해
새 찬송가 420장 <통 212장>

하나님의 마음 보기

이스라엘 사회에 대한 하나님의 관심은 모든 분야에 미치고 있습니다. 하나님께서는 신명기 18장을 통해 제사장과 레위인들을 위하여 그들의 생계를 보장하시고, 참 선지자와 거짓 선지자를 구별할 수 있는 기준을 주십니다. 그리고 신명기 19장에서는 어떤 사람이든 억울한 일을 당하지 않도록 재판할 때에는 두세 명의 증인을 세우라 하시고, 부지불식간에 사람을 죽였을 때 몸을 피할 수 있는 도피성에 관해서도 말씀해주십니다. 이 법을 통해 율법의 외형적인 준수보다는 내면적인 의미가 더 중요함을 볼 수 있습니다.

모세는 신명기 20장에서 이스라엘을 종 된 애굽 땅에서 인도하여 내시고 40년 광야 생활 동안 이스라엘을 돌보셨던 하나님께서 가나안 정복 전쟁에도 함께하실 것이라고 말합니다. 그리고 특히 신명기 21장에서 하나님께서는 누군가에게 죽임을 당한 이가 있을 경우와 포로 된 여인과 결혼할 경우, 또한 미움 받는 자의 아들이 장자인 경우 등 구체적인 예를 들어 각각의 상황에 따라 어떻게 처신해야 하는지 말씀해주십니다. 모세는 하나님의 관심과 하나님의 눈빛이 어느 곳을 향하고 있는지 섬세하게 이스라엘 백성에게 규례로 설명하고 있는 것입니다.

각 장의 중요 Point

18장 _ 권한 대행
19장 _ 실수는 죄가 아니야!
20장 _ 싸움에도 법도가 있다
21장 _ 한 맺힌 사람들

나를 위한 기도

나의 발이 닿는 곳마다 주님의 발걸음도 함께하심을 믿고 오늘도 경건하며 완전한 삶이 되게 하소서.

공동체를 위한 기도

하나님께서 율법을 통해 사회 전반에 걸친 문제에 이르기까지 거룩을 요구하셨듯이, 이 시대 속에서 빛과 소금의 역할을 감당하는 공동체가 되게 하소서.

전도대상을 위한 기도

하나님의 마음 알아가기

삶으로 실천하기

March
3/7
66

창세기 말라기

신명기 22~26장

거룩한 백성을 위한 법

Tong Point 하나님께서 원하시는 거룩한 공동체는 나그네와 가난한 이웃들의 아픔을 위로하고 배려하며 공의를 세우는 사회입니다.

찬양

사랑하는 주님 앞에
새 찬송가 220장 <통 278장>

하나님의 마음 보기

건전한 공동체를 유지할 수 있는 힘은 결국 올바른 관계에서 나옵니다. 형제의 가축이 길 잃은 것을 보면 그것을 끌어다가 형제에게 돌려주어야 합니다. 또한 공동체 안에서 생길 수 있는 남녀 간의 관계도 합당한 절차와 법도대로 처리되어야 합니다. 어느 사회든 상대적 약자는 언제나 존재하기 마련입니다. 하나님께서는 그러한 상대적 약자들이 사회 안에서 자신의 자리를 지켜나갈 수 있도록 배려하라고 말씀하십니다.

신명기 25장은 이스라엘 사회의 기초를 바로 세우는 데에 꼭 필요한 사항들을 다시 한 번 상기시키고 있습니다. 또한 이어지는 신명기 26장에는 토지 소산과 십일조의 올바른 사용에 관한 내용이 있습니다. 하나님께서는 가나안 땅에 거하게 되었을 때 농사를 지어 소출을 거두면, 그 소산의 맏물을 하나님 앞으로 가져오라 명하십니다. 그것은 종 되었던 그들로 하여금 약속의 땅에서 소산을 거둘 수 있도록 해주신 하나님께 경배를 드리는 것과 같습니다. 하나님께서는 십일조 규례를 통해 받을 복과 십일조의 사용법을 가르쳐주십니다. 이는 다름 아니라 고아, 과부, 객, 레위인과 함께 나누어 먹어 그들을 배부르게 하는 것입니다.

각 장의 중요 Point

22장 _ 거룩한 공동체를 유지할 수 있는 힘
23장 _ 나그네 민족, 나그네 인생
24장 _ 기본이 지켜지는 사회
25장 _ 사소한 것 그러나 중요한 것
26장 _ 나눔은 공동체의 행복으로

나를 위한 기도

오늘도 기회가 주어지는 대로 연약한 사람들에게 주님의 사랑을 전하며 같이 즐거워하는 삶을 살게 하소서.

공동체를 위한 기도

하나님께서 원하시는 공동체는 하나님의 공의를 세우는 공동체임을 기억하고, 나그네와 가난한 이웃들의 아픔을 위로하는 교회 공동체가 되게 하소서.

전도대상을 위한 기도

하나님의 마음 알아가기

삶으로 실천하기

창세기 말라기

March

3/8

67

신명기 27~28장

언약에 따른 복과 저주

Tong Point 에발 산과 그리심 산에 서서 복과 저주의 말씀을 선포할 때, 이스라엘 백성은 순종에 따른 복의 길을 선택해야 합니다.

찬양

어느 민족 누구게나

새 찬송가 586장 <통 521장>

하나님의 마음 보기

신명기 27-30장에는 가나안 입성 후 지켜야 할 일들과 언약의 갱신에 대한 말씀들이 기록되어 있습니다. 모세는 만나 세대가 가나안 땅에 들어가자마자 가장 먼저 해야 할 일로 큰 돌들을 세워 거기에 율법을 기록하고, 제단을 쌓아 하나님께 번제와 화목제를 드리라고 말합니다. 또 모세는 그들이 요단을 건넌 후에 각각 여섯 지파씩 나뉘어 그리심 산과 에발 산에 서서 그리심 산에서는 축복의 말에 화답하고 에발 산에서는 저주의 말에 화답하라고 명합니다. 이는 이스라엘이 하나님의 말씀을 더 깊이 새기도록 하기 위한 모세의 당부입니다.

이스라엘 백성에게 있어 복과 저주의 갈림길 사이에는 언제나 하나님의 말씀이라는 기준이 있습니다. 신명기 28장은 하나님 말씀이라는 기준에 따른 복과 저주의 내용을 담고 있습니다. 그중에는 순종에 따른 복에 관한 내용보다는 불순종에 따른 저주와 멸망에 관한 내용이 더 많습니다. 불순종을 경계하고 그에 따른 저주를 기억하게 함으로써 율법을 지켜야 하는 중요성을 강조하고 있는 것입니다. 하나님과 특별한 언약을 맺은 이스라엘에게 가장 중요한 것은 하나님과의 관계입니다.

각 장의 중요 Point

27장 _ 가슴에 쓰는 글
28장 _ 갈림길

나를 위한 기도

하나님의 말씀을 순종함으로 주어지는 복이 참으로 많음을 알게 하시고 나의 영혼과 삶이 말씀 위에 놓이게 하소서.

공동체를 위한 기도

복과 저주의 갈림길 사이에는 언제나 하나님의 말씀만이 정확한 기준이 된다는 사실을 기억하며 말씀훈련에 집중하는 교회 공동체가 되게 하소서.

전도대상을 위한 기도

하나님의 마음 알아가기

삶으로 실천하기

March 3/9

68

창세기 — 말라기

신명기 29~30장

언약의 갱신

Tong Point 모세가 선포하는 하나님의 언약의 말씀들은 과거 40년 전과 현재뿐 아니라, 시대와 공간을 초월하여 모든 인생들을 향하고 있습니다.

찬양

갈 길을 밝히 보이시니
새 찬송가 524장 〈통 313장〉

하나님의 마음 보기

이스라엘의 가나안 입성을 앞두고 모압 평지에서 세우신 언약의 말씀이 신명기 29-30장의 주된 내용입니다. 신명기 29장에는 이스라엘이 하나님의 언약을 지키며 하나님의 백성으로 남기를 바라는 모세의 간절한 바람이 들어 있습니다. 모세는 하나님과 이스라엘의 언약이 그 옛날 한 번의 사건으로 끝나는 것이 아니라고 합니다. "오늘 우리 하나님 여호와 앞에서 우리와 함께 여기 서 있는 자와 오늘 우리와 함께 여기 있지 아니한 자에게까지이니"(신 29:15). 모세가 이미 선포한 하나님의 많은 말씀들은 시대와 공간을 초월하여 모든 이들을 향해 있습니다.

모세는 언약을 갱신한 후 하나님과의 약속이 변함없이 유효할 것임을 강조합니다. 이스라엘이 비록 죄를 범할지라도 돌이켜 하나님의 말씀에 순종하면 하나님께서는 그들을 다시 번성케 하실 것입니다. 또한 모세는 백성들에게 하나님의 말씀에 순종하여 율법책에 기록된 규례와 명령을 지키면 복이 있을 것이라고 말합니다. 하나님과 이스라엘이 맺은 언약과 그 특별한 관계가 시대가 흘러도 변함없듯이 오늘날 이 땅의 그리스도인들에게도 끊을 수 없는 영원한 언약은 계속 이어지고 있습니다.

각 장의 중요 Point

29장 _ 오늘 여기에도

30장 _ 한 사람의 헌신이 있는 한 하나님의 언약은 계속됩니다

나를 위한 기도

하나님의 언약의 말씀을 깨닫는 마음과 보는 눈과 듣는 귀를 주시고 그 말씀을 지켜 행함으로 형통의 복을 누리게 하소서.

공동체를 위한 기도

모세를 통해 허락하신 율법의 말씀들이 시대와 공간을 초월하여 모든 인생들을 향하고 있다는 사실을 깨닫는 공동체가 되게 하소서.

전도대상을 위한 기도

하나님의 마음 알아가기

삶으로 실천하기

March
3/10
69

창세기 — 말라기

신명기 31~32장

역사와 미래

Tong Point 모세가 지난 역사를 담아 부르는 노래에는 하나님의 은혜에 대한 깊은 기억과 앞으로 이스라엘이 나아가야 할 방향이 들어 있습니다.

찬양

옳은 길 따르라 의의 길을
새 찬송가 516장 <통 265장>

하나님의 마음 보기

이제 모세의 설교가 막바지에 다다르고 있습니다. 더불어 이스라엘 백성과 함께했던 모세의 직무도 끝이 나고 있습니다. 모세는 지난 40여 년 하나님과 이스라엘 백성 사이를 오가며 하나님을 위한 존재로, 이스라엘 백성을 위한 존재로 살아왔습니다. 모세는 이제 자신의 후계자로 세워진 여호수아를 격려하고 이스라엘이 행할 율법을 다시금 강조합니다. 이스라엘 공동체가 율법을 잊지 않도록 율법을 써서 건네주며 일곱 해마다, 즉 면제년 초막절마다 낭독하라고 명령합니다.

신명기 32장에 쓰인 모세의 노래는 지금까지의 이스라엘 역사를 요약하고 있습니다. 모세는 하나님께서 지난 세월 동안 이스라엘을 당신의 눈동자처럼 지키셨다고 고백합니다. "마치 독수리가 자기의 보금자리를 어지럽게 하며 자기의 새끼 위에 너풀거리며 그의 날개를 펴서 새끼를 받으며 그의 날개 위에 그것을 업는 것 같이"(신 32:11) 이스라엘을 보호하시고 훈련시키셨다는 것입니다. 광야 40년 동안 변함없이 이스라엘을 보호하셨던 하나님, 그분은 이스라엘이 가나안 땅에 들어간 후에도 그들의 보호자와 생명이 되어주실 것입니다.

각 장의 중요 Point

31장 _ 누가 그의 삶을 헛되다 하리요
32장 _ 영원한 국민가요

나를 위한 기도

인생의 순간마다 하나님의 은혜에 감사하며 찬송으로 영광 돌리게 하시고 평생 주님의 선하심을 노래하게 하소서.

공동체를 위한 기도

과거의 역사에는 미래의 방향이 담겨 있음을 기억하며, 지난 세월 베풀어주신 하나님의 사랑을 기억하며 미래를 꿈꾸는 민족 공동체가 되게 하소서.

전도대상을 위한 기도

하나님의 마음 알아가기

삶으로 실천하기

March
3/11
70

창세기 ─ 말라기

신명기 33~34장, 시편 90편

모세의 축복과 죽음

Tong Point 새 시대를 열어갈 여호수아와 만나세대의 앞날을 축복하며 남기는 모세의 유언은 가나안 시대를 열어가는 지침이 되어줍니다.

찬양

주의 친절한 팔에 안기세
새 찬송가 405장 <통 458장>

하나님의 마음 보기

야곱이 죽음을 앞두고 그의 열두 아들을 축복했던 것처럼(창 49장), 모세도 하나님께로 가기 전 온 마음을 다해 각 지파들을 축복합니다. 야곱의 유언이 이후 이스라엘 백성에게 출애굽의 비전이 되었다면, 각 지파를 향한 모세의 축복은 가나안에 거할 각 지파들의 지침과 비전이 됩니다. 출애굽세대는 애굽에서 태어나 출애굽의 역사를 경험했던 세대로, 그 이후 40년 동안 광야에서 모두 삶을 마감했습니다. 그리고 가나안 입성의 세대는 바로 그 기간 광야 40년 동안 자라거나 태어난 사람들입니다. 그들은 곧 가나안 입성의 역사를 경험하게 될 것입니다.

이 중요한 시점에 모세는 새로운 시대를 열기 위해 자신의 후계자로 여호수아를 세웁니다. 그리고 이제 모세는 하나님의 뜻하신 바대로 죽음을 맞이합니다. 불세출의 지도자 모세의 생이 마감되면서 이스라엘 역사에 전무후무했던 광야 시대가 대단원의 막을 내립니다. 동시에 그의 죽음은 여호수아 시대의 개막을 의미합니다. 모세오경을 관통하는 가나안 땅에 대한 비전은 모세의 죽음을 계기로 여호수아와 만나세대에게로 넘어가며, 이후 가나안 땅에 거하는 이스라엘 백성을 이끄는 삶의 근간이 됩니다.

각 장의 중요 Point

33장 _ 축복은 비전이 되고
34장 _ 죽음으로 여는 새 시대
시 90편 _ 모세의 인생찬가

나를 위한 기도

하나님과 동행함으로 행복한 인생이 되게 하시고 하나님의 영광에 참여하는 아름답고 빛나는 인생 되게 하소서.

공동체를 위한 기도

만나세대에게 남겼던 모세의 유언이 새로운 가나안 시대를 열어가는 지침이 된다는 사실을 기억하며, 미래를 준비하는 공동체가 되게 하소서.

전도대상을 위한 기도

하나님의 마음 알아가기

삶으로 실천하기

Worship
소그룹예배

하나님의 복을 누리고 싶습니다

신명기 15-34장, 시편 90편

기도로 예배를 시작합니다.

이 시간, 우리가 함께 모여 하나님께 드리는 이 예배를 기뻐 받아주시고, 예배드리는 가운데 하나님의 마음과 뜻을 깨달아 알 수 있도록 지혜를 주소서.

함께 찬양을 부르세요.

"옳은 길 따르라 의의 길을" 새 찬송가 516장(통 265장)

성경을 **소리 내어** 함께 읽고 오늘 본문의 **通 이야기**를 들려주세요.

* 신명기 28장 1-19절

모세의 유언과도 같은 설교, 신명기입니다. 모세는 하나님의 말씀을 잘 지키는 자가 받을 복에 대해서 말해주고, 하나님의 말씀을 지키지 않는 자가 받을 벌에 대해서도 경고했습니다. 모세는 새 지도자 여호수아와 열두 지파를 하나님의 이름으로 축복한 후 삶을 마감합니다.

말씀을 통해 알 수 있는 **하나님의 마음**을 생각하며 함께 마음을 나눕니다.

* 모세와 같이 훌륭한 리더가 되어 하나님의 말씀으로 멋진 유언을 들려줄 수 있는 사람이 되기를 원합니다. 훌륭한 리더가 되기 위해 어떻게 준비해야 할까요?

* 하나님의 말씀에 순종하면 어떤 복을 받는지 살펴봅시다.

서로 **축복의 말**을 함께 나눕니다.

"하나님의 말씀을 순종하여 복 받는 매일 매일이 되기 원합니다."

함께 기도하며, 연이어 주님이 가르쳐주신 기도로 예배를 마칩니다.

우리에게 복을 주고 싶어 하시는 하나님, 크신 복을 받는 우리가 되기 위해 하나님의 말씀을 날마다 배우고 지켜 순종할 수 있도록 도와주소서.

March
3/12
71

창세기 말라기

여호수아 1~2장

여호수아와 만나세대

Tong Point 하나님과 백성의 격려 가운데 여호수아의 사역이 시작되고, 여리고에 갔던 두 정탐꾼들은 믿음의 보고로 사기를 높입니다.

찬양

영광을 받으신 만유의 주여
새 찬송가 331장 〈통 375장〉

하나님의 마음 보기

이제 40년 광야학교에서의 교육이 끝나고 이스라엘이 실전에 투입되기 직전입니다. 눈에 보이는 가장 큰 변화는 이스라엘의 지도자가 모세에서 여호수아로 바뀌었다는 것입니다. 그런데 가나안 점령을 앞둔 여호수아가 두려워 떨자, 하나님께서는 그에게 "강하고 담대하라"고 말씀하시며 힘을 주십니다. 하나님께로부터 위로와 용기를 얻은 여호수아는 르우벤, 갓, 므낫세 반 지파를 전쟁의 선발대로 세웁니다. 그들은 모세에게 순종하였던 것과 같이 여호수아를 따르겠다고 말합니다.

이 놀라운 변화는 40년 율법 교육의 결과입니다. 만나세대들은 광야에서 만나만 먹은 것이 아니라 말씀의 양식을 섭취했던 것입니다. 출애굽기, 레위기, 민수기, 신명기에 걸친 교육의 과정이 여호수아서의 승전보들을 만들어냅니다. 하나님의 위로와 백성들의 격려를 받은 여호수아는 자신에게 맡겨진 사명을 당당히 수행합니다. 그가 가장 처음 한 일은 여리고로 정탐을 보내는 것이었습니다. 라합의 도움으로 성공적으로 정탐을 마친 그들은 여호수아에게 돌아와 결과를 보고합니다. 그들의 믿음의 보고는 전쟁을 앞둔 이스라엘에게 큰 힘이 되었습니다.

각 장의 중요 Point

1장 _ 실전 투입
2장 _ 2차 시기

나를 위한 기도

하나님께서 보내시는 삶의 현장에서 믿음의 눈과 마음을 가지고 담대히 주님의 능력을 고백하며 살게 하소서.

공동체를 위한 기도

하나님께서 여호수아에게 주신 함께 해주시겠다는 약속의 말씀을 기억하며 이 시대를 향해 사명을 감당하는 교회 공동체가 되기를 원합니다.

전도대상을 위한 기도

하나님의 마음 알아가기

삶으로 실천하기

March
3/13
72

창세기 말라기

여호수아 3~5장

믿음으로 내딛는 약속의 땅

Tong Point 만나세대는 가나안의 첫 관문인 요단 강을 마른 땅으로 건너고, 할례와 유월절을 행함으로써 가나안 시대를 열어갑니다.

찬양

행군 나팔 소리에
새 찬송가 360장 <통 402장>

하나님의 마음 보기

40여 년 전 출애굽한 이스라엘 백성은 첫 장애물이었던 홍해를 마른 땅으로 건너는 기적을 경험했습니다. 40년이 지난 지금, 만나세대는 하나님께서 약속하신 가나안 땅으로 들어가는 첫 관문인 요단 강을 역시 마른 땅으로 건너게 됩니다. 이번에는 여호수아가 하나님의 명령을 받았고, 언약궤를 멘 제사장들이 앞장섰습니다. 여호수아와 백성들은 하나님의 약속을 받고 붙들었던 그들의 조상들과 그 땅에서 뿌리를 내리고 살게 될 후손들 사이에서 하나님의 약속을 구체화하는 사명을 감당하고 있습니다. 하나님께서는 이 사건을 통해 이스라엘의 새 지도자가 된 여호수아를 크게 격려해주십니다.

요단 강을 다 건넌 후, 여호수아는 각 지파에 한 사람씩 열두 명을 선택해 요단 강에서 돌 하나씩을 취하게 하고, 그 돌을 길갈 땅에 세우게 합니다. 하나님께서 요단 강을 마른 땅으로 건너게 하셨던 일을 기념하고, 이후 후손들에게도 이 사실을 알려주기 위해서였습니다. 이제 가나안 시대가 펼쳐집니다. 이때 이스라엘 백성은 40년간 행하지 못했던 할례를 다시 행하였고, 약속의 땅에서의 첫 유월절도 지킵니다. 이스라엘 백성은 하나님의 백성으로서의 정체성을 확고히 합니다.

각 장의 중요 Point

3장 _ 도하 작전
4장 _ Monument (기념비)
5장 _ 잊혀진 약속을 찾아서

나를 위한 기도

오늘도 하나님께서 허락하시는 땅으로 나아가며 여호수아와 같이 믿음으로 강을 건너는 인생이 되게 하소서.

공동체를 위한 기도

만나세대들에게 요단 강을 건너 가나안 시대를 열게 하신 하나님께서 이 나라와 민족을 위해 우리 공동체를 사용해주시기를 원합니다.

전도대상을 위한 기도

하나님의 마음 알아가기

삶으로 실천하기

March
3/14
73

창세기 말라기

여호수아 6~8장

만나세대의 믿음에 따른 전쟁의 승패

Tong Point 여리고 성 전투를 포함한 여러 전투들을 통해, 이스라엘은 전쟁이 하나님께 속했다는 진리를 확인해갑니다.

찬양

허락하신 새 땅에
새 찬송가 347장 〈통 382장〉

하나님의 마음 보기

이스라엘 백성은 이제 가나안 정복 전쟁의 첫 번째 점령지인 여리고 성 앞에 서 있습니다. 그런데 이때 여호와의 군대 대장이 찾아와서 6일 동안 하루에 한 바퀴씩 나팔을 불며 여리고 성 주위를 돌고, 마지막 7일째 되는 날에는 일곱 바퀴를 돌고 난 후 소리를 높여 함성을 지르면 성이 무너질 것이라고 말합니다. 놀랍게도 만나세대가 이 말씀을 받아들이고 실천하여 대승을 거둡니다.

그런데 여리고 성을 함락한 후 문제가 생깁니다. 그 성에서 얻은 모든 것은 하나님의 명령대로 하나님께 바쳐야 했는데, 몇 가지 물건을 숨겨둔 아간으로 인해 이스라엘이 다음 전쟁인 아이 성 전투에서 패한 것입니다. 한 사람이 하나님의 말씀을 어김으로 말미암아 공동체 전체가 전쟁 패배라는 결과를 맞이해야 했습니다. 결국 아간은 그 벌로 돌에 맞아 죽습니다. 동족을 돌로 치는 경험을 통해 이스라엘 백성은 가나안에서 토지를 비롯한 재산을 소유하기에 앞서 물질에 대한 엄중한 교훈을 얻게 됩니다. 그리고 전쟁의 주인이 하나님이심을 명확히 가슴에 새긴 이스라엘 백성은 하나님의 말씀에 따라 다시 아이 성으로 나아가 그 성을 점령합니다.

각 장의 중요 Point

6장 _ 돌고 돌고 돌고
7장 _ 한 사람 때문에
8장 _ 상식 속의 섭리

나를 위한 기도

승리의 기쁨을 맛보는 순간에 더욱 마음을 낮추고 겸손히 행할 수 있는 사람이 되게 하시고 늘 세상의 유혹으로부터 건져주소서.

공동체를 위한 기도

만나세대들이 치른 여리고 성 전투를 포함한 여러 전투들을 기억하며, 전쟁이 하나님께 속했다는 사실을 믿고 순종하는 공동체가 되게 하소서.

전도대상을 위한 기도

하나님의 마음 알아가기

삶으로 실천하기

March
3/15
74

창세기 말라기

여호수아 9~12장

이스라엘의 승전 기록

Tong Point 여호수아와 만나세대들이 5년여에 걸쳐 가나안 땅을 점령함으로써 하나님께서 아브라함에게 주신 언약이 성취되었습니다.

찬양

우리들이 싸울 것은
새 찬송가 350장 〈통 393장〉

하나님의 마음 보기

가나안 정복 전쟁을 수행하면서 하나님의 말씀에 잘 순종하던 이스라엘 백성이 하나님의 명령을 어기고, 가나안 족속 중 하나인 기브온 거민들과 조약을 맺었습니다. 이로 인해 기브온 사람들이 이스라엘에 거주하게 되어 훗날 이스라엘을 괴롭히는 올무가 됩니다. 얼마 후 아모리 족속 동맹국의 왕들이 기브온을 치러 오자, 위기에 처한 기브온이 여호수아에게 도움을 청합니다. 이 전투로 이스라엘은 남방 지역의 성읍들을 얻습니다. 이어서 이스라엘은 북방 연합군을 물리치고 갈릴리 북부 지역을 얻습니다.

여호수아 11장은 "그 땅에 전쟁이 그쳤더라"(수 11:23)는 말로 끝나고 있습니다. 아브라함에게는 후손에게 주시겠다고 한 땅이요, 야곱과 요셉에게는 돌아갈 땅이었던 가나안이 드디어 이스라엘의 땅이 된 것입니다. 모세가 정복한 요단 동편의 왕들 2명과 여호수아가 정복한 요단 서편의 왕들 31명의 명단이 여호수아 12장에 열거되어 있습니다. 이는 하나님의 말씀에 대한 믿음과 순종, 그리고 이스라엘 백성의 땀과 수고가 어우러진 33번의 승전 기록입니다. 이제부터 이루어지는 땅의 분배는 하나님의 약속이 드디어 성취되는 감격스러운 장면입니다.

각 장의 중요 Point

9장 _ 아차! 하는 사이에
10장 _ 명령 · 순종 · 복종
11장 _ 비전의 성취, 새로운 비전의 시작
12장 _ 결산서

나를 위한 기도

계속해서 주어지는 많은 일들 앞에서 피곤하지 않고 중단하지 않도록 견고한 의지와 추진력과 건강을 허락하소서.

공동체를 위한 기도

만나세대가 가나안을 점령함으로 하나님께서 아브라함에게 주신 언약이 성취되었음을 기억하며, 더욱 더 하나님을 신뢰하는 공동체가 되게 하소서.

전도대상을 위한 기도

하나님의 마음 알아가기

삶으로 실천하기

March
3/16

75

창세기 말라기

여호수아 13~17장

합당한 분배와 특권

Tong Point 이스라엘은 제비뽑기 방식을 통해 가나안 땅을 분배받고, 갈렙은 자신의 특권을 사명으로 바꾸어 믿음으로 헤브론을 점령합니다.

찬양

주 믿는 사람 일어나
새 찬송가 357장 〈통 397장〉

하나님의 마음 보기

여호수아 13-22장에는 가나안 땅 정복을 어느 정도 마친 후, 각 지파가 자신들이 거주할 땅을 정하여 정착하는 과정이 기록되어 있습니다. 이때 갈렙이 땅 분배를 진행하고 있는 여호수아 앞에 나타납니다. 그리고 가데스 바네아에서의 사건 때 하나님께서 갈렙에게 땅의 선택권을 주겠다고 약속하셨던 일을 상기시키며 이렇게 말합니다. "모세가 나를 보내던 날과 같이 오늘도 내가 여전히 강건하니 내 힘이 그 때나 지금이나 같아서 싸움에나 출입에 감당할 수 있으니 그 날에 여호와께서 말씀하신 이 산지를 지금 내게 주소서 당신도 그 날에 들으셨거니와 그 곳에는 아낙 사람이 있고 그 성읍들은 크고 견고할지라도 여호와께서 나와 함께 하시면 내가 여호와께서 말씀하신 대로 그들을 쫓아내리이다"(수 14:11-12). 참으로 멋진 선택입니다. 그렇게 갈렙은 아직 정복하지 못한 헤브론 땅을 기업으로 받습니다.

그리고 여호수아는 2차 인구조사 때에 하나님께서 명령하셨던 대로(민 26:55), 요단 동편 땅을 받은 지파를 제외한 나머지 아홉 지파와 반 지파에게 요단 서편 땅을 제비뽑아 나누어줍니다.

각 장의 중요 Point

13장 _ 땀의 결과 나누기
14장 _ 45년을 한결같이
15장 _ 이 모든 동네가 유다의 것이다
16장 _ 창세기 48장이 기억나다
17장 _ 욕심은 끝없이 일어나고

나를 위한 기도

하나님께서 주시는 인생의 분깃을 믿음으로 구하게 하시고 어려움이 있는 곳이라도 옥토로 바꿀 수 있는 은혜를 주소서.

공동체를 위한 기도

특권을 사명으로 바꾸어 헤브론을 점령했던 갈렙의 헌신처럼, 한국 교회 공동체가 이 시대와 민족을 위해 헌신하게 하소서.

전도대상을 위한 기도

하나님의 마음 알아가기

삶으로 실천하기

March
3/17
76

창세기 말라기

여호수아 18~19장

복으로 받은 삶의 터전

Tong Point 아직 땅을 분배받지 못한 일곱 지파에게 2차 인구조사 결과를 근거로 남은 땅이 분배됨으로써 땅 분배 작업이 마무리됩니다.

찬양

내 맘에 한 노래 있어
새 찬송가 410장 〈통 468장〉

하나님의 마음 보기

르우벤, 갓, 므낫세 반 지파는 이미 모세로부터 요단 동편 땅을 분배받았습니다. 이제 남은 지파 사람들이 요단 서편의 땅을 분배받을 차례입니다. 먼저 유다, 에브라임, 나머지 므낫세 반 지파가 요단 서편 땅을 분배받았습니다. 이제 일곱 지파가 남았습니다. 여호수아는 먼저 각 지파에서 세 사람씩을 선정하여 아직 정복하지 못한 가나안 땅을 다니며 지도를 그려오게 합니다. 그리고 그것을 일곱 부분으로 그려서 실로에서 제비를 뽑습니다. 이렇게 땅을 분배하는 과정에서 한 가지 알 수 있는 것은 레위 지파는 제사장 직분을 감당해야 했으므로 기업을 받을 수 없음이 전제되고 있다는 것입니다. 이미 이스라엘 모든 백성 사이에 그들의 장자를 위하듯이 레위 지파를 돌보아야 한다는 것이 약속되어 있었기 때문입니다. 여호수아는 모세가 알려주었던 제비뽑기의 방법을 받아들여 '기업의 분배' 라는 중요한 과제를 잘 해결했습니다.

한편, 이스라엘 자손 모두가 땅 분배를 마친 후에 지도자 여호수아가 마지막으로 땅을 분배받습니다. 공동체의 지도자가 맨 처음이 아닌 맨 마지막에 땅을 분배받았다는 사실은 눈여겨봐야 할 부분입니다.

각 장의 중요 Point

18장 _ 제비뽑는 사연
19장 _ 땅, 생활의 기반

나를 위한 기도

하나님의 사람으로서 움츠러들지 않고 세상을 향해 믿음으로 도전하며 살게 하시고 감사함으로 그 경계를 정하여 살게 하소서.

공동체를 위한 기도

가나안 땅이 각 지파별로 공평하게 분배되었던 모습을 기억하며, 우리 사회에 분배의 정의가 살아나게 되기를 원합니다.

전도대상을 위한 기도

하나님의 마음 알아가기

삶으로 실천하기

March
3/18

77

창세기 말라기

여호수아 20~22장

도피성과 레위인의 성읍

Tong Point 하나님을 섬길 레위인들에게는 도피성을 포함한 48개 성읍이 주어지고, 요단 동편 지파들은 그들의 기업으로 귀환합니다.

찬양

거친 세상에서 실패하거든
새 찬송가 456장 〈통 509장〉

하나님의 마음 보기

열두 지파의 땅 분배가 모두 끝나고 이스라엘 백성이 드디어 가나안 땅에서 정착 생활을 시작했습니다. 이제부터는 그들이 정착한 가나안 땅에서 어떠한 제도와 문화를 형성하며 살 것인지가 중요합니다. 하나님께서는 먼저 도피성 제도를 재확인시키십니다. 도피성 제도는 이스라엘 공동체를 건강하고 바람직하게 유지하는 데 필요한 중요 장치이기 때문입니다. 이스라엘 열두 지파에게 땅을 다 분배한 후 레위 지파에게는 이스라엘 전역 중 48개의 성읍과 그 목초지들이 주어졌습니다. 레위 지파는 하나님의 명령대로 열두 지파 사이사이에 골고루 퍼져 살면서 그들의 사명을 감당하게 됩니다.

한편, 이제까지 모세와의 약속대로 가나안 전쟁의 선봉에 섰던 르우벤, 갓, 므낫세 반 지파는 이미 그들에게 주어진 터전인 요단 동편으로 귀환합니다. 여호수아는 그동안 요단 서편의 땅을 차지하기 위해 앞장서준 르우벤, 갓, 므낫세 반 지파에게 고마움을 표하고, 요단 동편으로 돌아간 후에도 하나님의 율례와 계명과 법도를 잘 지키라고 당부합니다.

각 장의 중요 Point

20장 _ 소프트웨어(software) 장착
21장 _ 사명을 위한 나눔
22장 _ 한 형제 됨을 위하여

나를 위한 기도

내게 분배해주신 하나님의 은혜를 공동체와 연약한 이들과 하나님의 사람들을 위해 기꺼이 나누며 헌신하게 하소서.

공동체를 위한 기도

요단 동편 지파들의 헌신과 충성이 아름다운 결실을 맺었듯이, 교회 공동체가 이 나라와 민족을 위해 헌신하게 하소서.

전도대상을 위한 기도

하나님의 마음 알아가기

삶으로 실천하기

Worship
소그룹예배

여호수아와 갈렙의 노래

여호수아 1-22장

기도로 예배를 시작합니다.

이 시간, 우리가 함께 모여 하나님께 드리는 이 예배를 기뻐 받아주시고, 예배드리는 가운데 하나님의 마음과 뜻을 깨달아 알 수 있도록 지혜를 주소서.

함께 찬양을 부르세요.

"나의 영원하신 기업" 새 찬송가 435장(통 492장)

성경을 소리 내어 함께 읽고 오늘 본문의 통通 이야기를 들려주세요.

* 여호수아 14장 6-15절

이스라엘 백성들은 가나안 땅을 믿음으로 싸워 차지했습니다. 그 땅은 목초지 같이 좋은 땅도 있었고 산지 같이 척박한 땅도 있었습니다. 그런데 갈렙은 스스로 좋지 않은 땅을 선택하면서 하나님께서 함께하시면 아무런 문제가 없을 것이라는 믿음의 고백을 했습니다.

말씀을 통해 알 수 있는 하나님의 마음을 생각하며 함께 마음을 나눕니다.

* 때로 어려운 일들을 겪을 때 불평이나 낙심하지 않고 오히려 믿음으로 용기 있게 나아가기를 바랍니다. 우리가 믿음으로 맞이해야 할 일은 무엇입니까?

* 하나님의 영광을 위해 우리가 할 수 있는 좋은 선택의 기준은 무엇입니까?

서로 축복의 말을 함께 나눕니다.

"하나님을 온전히 믿음으로, 지혜로운 선택을 하며 살기를 축복합니다."

함께 기도하며, 연이어 주님이 가르쳐주신 기도로 예배를 마칩니다.

사랑의 주님, 우리에게 좋은 것으로 채워주시는 하나님이심을 믿으며, 지혜와 믿음으로 좋은 선택을 하며 살게 해주소서.

창세기 말라기

March 3/19

78

여호수아 23~24장

여호수아의 유언

Tong Point 이스라엘을 가나안으로 인도하는 사명을 충실히 감당한 여호수아는 모세와 같이 "하나님 여호와를 사랑하라"는 유언을 남깁니다.

찬양

내 구주 예수를 더욱 사랑
새 찬송가 314장 〈통 511장〉

하나님의 마음 보기

하나님의 계획은 한 세대에서 시작하여 다음 세대로 이어지고, 또다시 이어지면서 더욱 아름다운 결과로 나타납니다. 모세의 뒤를 이어 이스라엘의 지도자로서 땅에 대한 약속을 성취해낸 여호수아의 인생도 저물어 가고 있습니다. 자신의 생명이 다해가는 시점에 여호수아 역시 모세처럼 안타까운 마음을 담아 백성들에게 당부합니다. "그러므로 스스로 조심하여 너희의 하나님 여호와를 사랑하라"(수 23:11)는 유언입니다. 이는 앞서 모세가 그의 삶을 마감하며 진심 어린 마음으로 이스라엘 백성에게 남겼던 말과 같습니다. 이제는 여호수아가 모세의 그 마음을 품고 또다시 간절한 당부의 말을 전하고 있는 것입니다. 스승 모세를 본받아 하나님을 깊이 사랑했던 여호수아도 이 말씀 외에 더 중요한 말을 찾지 못했기 때문입니다.

하나님을 사랑하라는 두 지도자의 공통된 당부는 이후 이스라엘이 나아갈 삶의 방향이 됩니다. 모세가 출애굽한 이스라엘을 40년 동안 인도한 후 하나님의 품으로 돌아간 것처럼, 여호수아도 이스라엘 백성을 가나안 땅으로 인도한 후 하나님의 품으로 돌아갑니다. 그는 후손들에게 가나안 땅에서 하나님의 백성으로 살아가는 비전을 남겼습니다.

각 장의 중요 Point

23장 _ 마지막 부탁!
24장 _ 대를 넘어 이어지는 비전

나를 위한 기도

오늘도 하나님의 말씀을 지켜 행하며 하나님을 사랑함으로, 나를 번성하게 하시는 하나님의 은혜를 경험케 하소서.

공동체를 위한 기도

모세의 유언을 이어받아 '여호와 하나님을 사랑하라'는 유언을 남긴 여호수아처럼, 신앙을 아름답게 계승해가는 교회 공동체가 되게 하소서.

전도대상을 위한 기도

하나님의 마음 알아가기

삶으로 실천하기

March
3/20
79

창세기 말라기

사사기 1장~2:10

남겨진 과제

Tong Point 하나님께서 주신 땅을 아직 다 얻지 못한 이스라엘에게는 남은 땅의 정복과 그 땅에 거룩한 공동체를 세워야 할 과제가 남아 있습니다.

찬양

믿는 사람들은 주의 군사니
새 찬송가 351장 〈통 389장〉

하나님의 마음 보기

사사기는 이스라엘 백성이 가나안에 정착한 후, 하나님의 세우심을 받은 사사들에 의해 다스림 받던 시대를 기록하고 있습니다. 당시 이스라엘 공동체는 아직 정복해야 할 가나안 땅이 남아 있었고, 이에 이스라엘 백성은 각 지파별로 정복 및 개척 사업을 계속하여 추진하고 있었습니다. 만나세대들은 가나안 땅에 정착해 이전에 그 땅에 팽배했던 패역하고 못된 풍속들을 물리치고, 하나님을 섬기는 믿음의 공동체를 든든히 이루어갔습니다. 광야학교 40년 동안 모세를 통해 교육받은 결과라 할 수 있습니다.

그러나 사사기 1장 27-36절에는 이스라엘이 아직 쫓아내지 못하여 가나안에 그대로 머물러 사는 주민들의 이름이 등장합니다. 그 땅에 남아 있던 가나안 족속들은 이스라엘 백성에게 가시와 올무가 되고, 이스라엘로 하여금 악한 문화와 우상숭배에 빠져들게 하는 원인이 됩니다. 하나님의 사자가 이 일로 보김이라는 곳에서 백성들을 꾸짖습니다. 그 말을 듣고 이스라엘 백성은 소리 높여 울고, 눈물을 흘리며 하나님께 제사를 드립니다.

각 장의 중요 Point

1장 _ 구심점을 잃어버리고
2장 _ 후손들에 대한 교육은 꼭 필요합니다

나를 위한 기도

이 땅에 하나님을 아는 세대가 계속해서 이어질 수 있도록 주님의 복음을 같이 나누며 살게 하소서.

공동체를 위한 기도

신앙교육의 부재가 어두운 사사 시대를 초래했던 사실을 기억하며, 신앙계승의 역사를 정확하게 써내려가는 교회 공동체가 되기를 원합니다.

전도대상을 위한 기도

하나님의 마음 알아가기

삶으로 실천하기

창세기 말라기

March
3/21
80

사사기 2:11~5장

이스라엘의 사사들

Tong Point 만나세대의 자녀교육 실패로 말미암아 어두운 시대가 이어지고, 하나님께서는 안타까운 마음으로 그들에게 사사들을 보내십니다.

찬양

이 세상의 모든 죄를
새 찬송가 261장 〈통 195장〉

하나님의 마음 보기

시대가 점차 어두운 터널로 들어갑니다. 여호와께서 행하신 일을 경험한 세대가 그 다음 세대에게 그것을 교육하지 않은 것입니다. 가나안에 들어간 이스라엘 백성은 모세가 신명기에서 그토록 당부했던 쉐마("이스라엘아 들으라")를 잊어버렸습니다. 농사짓는 법, 고기 잡는 법, 장사하는 법에 대해서는 자녀들에게 교육하면서, 가장 중요한 신앙교육은 하지 않은 것입니다. 결국 신앙교육의 부재는 다음 세대들이 하나님을 떠나는 불행한 결과를 가져오고 말았습니다. 만나세대들의 자녀교육 실패가 결국 사사 시대의 어두운 그림자가 되어 후손들의 불행을 초래합니다. 이스라엘 백성은 그들 가운데 남아 있는 가나안 주민들의 문화를 따라 점차 우상숭배의 길로 빠져들고, 이런 이스라엘을 보시는 하나님의 안타까움은 점점 더 커져갑니다.

하나님께서는 새로운 희망을 찾기 위해 이스라엘 백성 중에서 당신의 일을 감당할 사람들을 택하십니다. 하나님께서 지도자로 세우신 사사들이 하나님의 뜻에 따라 이스라엘 백성을 다스립니다. 옷니엘, 에훗, 삼갈…. 계속되는 사사들의 등장은 이스라엘을 끝까지 포기하지 않으시는 하나님의 마음을 보여줍니다.

각 장의 중요 Point

2장 _ 후손들에 대한 교육은 꼭 필요합니다
3장 _ 빛바랜 약속
4장 _ 이상과 현실 사이
5장 _ 그들만의 노래

나를 위한 기도

믿음을 지키는 일을 중단하지 않게 하시고 나를 향해 포기하시지 않는 하나님의 사랑에 감사하며 살게 하소서.

공동체를 위한 기도

안타까운 마음으로 사사들을 계속 보내셔야만 했던 하나님의 마음을 기억하며 말씀교육의 중요성을 깨달아가는 공동체가 되게 하소서.

전도대상을 위한 기도

하나님의 마음 알아가기

삶으로 실천하기

창세기 말라기

March
3/22
81

사사기 6~7장

기드온과 3백 용사

Tong Point 하나님을 향한 믿음과 순종을 통해 기드온과 3백 용사들은 미디안과의 전투에서 승리를 얻고 하나님의 살아계심을 체험합니다.

찬양

빛의 사자들이여
새 찬송가 502장 〈통 259장〉

하나님의 마음 보기

이스라엘 자손이 또 여호와의 목전에 악을 행하여, 7년 동안 미디안으로부터 압제를 받게 됩니다. 모든 농가는 미디안에게 수탈을 당하고, 이스라엘 백성은 산에 굴을 뚫어 피신하며 살고 있었습니다. 이러한 모습을 보신 하나님께서 다시 이스라엘을 구원하기로 결심하십니다.

하나님께서는 기드온에게 우상을 제하라고 명하시고 기드온은 아무도 보지 않는 밤에 우상을 제합니다. 이에 이스라엘 백성은 기드온이 행한 일에 대해 화를 내며 기드온을 죽이려 합니다. 하지만 하나님께서는 기드온에게 "내가 반드시 너와 함께 하리니 네가 미디안 사람 치기를 한 사람을 치듯 하리라"(삿 6:16)고 말씀하시며 용기를 주십니다. 기드온을 비롯한 이스라엘 백성의 두려움은 메뚜기 떼처럼 많은 미디안 군대에 대한 것이었습니다. 그러나 하나님께서는 미디안과의 전투에 동참하기 위해 모여든 자 3만 2천 명 가운데, 오직 3백 명만을 남겨두고 모두 돌려보내게 하십니다. 기드온과 3백 용사는 하나님께서 보여주신 확실한 증거를 믿고, 횃불과 나팔로 싸우라는 하나님의 말씀에 순종합니다.

각 장의 중요 Point

6장 _ 자업자득 (自業自得)
7장 _ 횃불과 나팔의 승리

나를 위한 기도

세상이 주는 압도적인 숫자에 의기소침하지 않게 하시고 오직 하나님을 의지하며 믿음으로 승리하게 하소서.

공동체를 위한 기도

하나님의 살아계심을 체험했던 300용사들처럼, 교회 공동체 가운데 믿음과 순종을 통해 멋진 일꾼들이 세워지길 원합니다.

전도대상을 위한 기도

하나님의 마음 알아가기

삶으로 실천하기

창세기 말라기

March
3/23
82

사사기 8~9장

기드온과 그 아들 아비멜렉

Tong Point 기드온이 죽자 백성은 다시 우상숭배의 습관으로 돌아가고, 스스로 왕이 된 아비멜렉은 시대를 혼란에 빠뜨립니다.

찬양

예수가 우리를 부르는 소리
새 찬송가 528장 〈통 318장〉

하나님의 마음 보기

미디안 군대를 크게 무찌른 기드온에게 에브라임 사람들이 왜 자기들을 전쟁에 참가시키지 않았느냐며 싸움을 걸어옵니다. 이 일을 계기로 큰 다툼이 일어날 수도 있었지만, 기드온의 지혜롭고 겸손한 대응으로 큰 비극을 피해갈 수 있었습니다. 이스라엘 백성은 미디안과의 전쟁에서 하나님의 도우심으로 승리한 기드온에게 왕이 되어 자신들을 다스려달라고 합니다. 하지만 기드온은 오직 하나님께서 이스라엘을 다스리실 것이라고 대답합니다. 하지만 백성들은 기드온이 죽자 이스라엘을 구원해주신 하나님의 은혜를 잊고 또다시 바알을 섬기기 시작합니다. 그리고 자신들을 미디안의 압제에서 건져낸 기드온의 행적을 기억하지 않으며, 기드온의 집을 후대하지도 않습니다.

사사기 9장에서는 스스로 왕이 되려 하는 기드온의 아들 아비멜렉의 어리석음이 드러나고 있습니다. 아비멜렉은 막내 요담을 제외한 자신의 형제 70여 명을 모두 죽이고, 이스라엘의 왕이 되려 합니다. 아비멜렉의 권력욕과 백성들의 어리석음으로 사사 시대 불행의 골은 더욱 깊어져 갑니다.

각 장의 중요 Point

8장 _ 유사품 주의
9장 _ 가시나무

나를 위한 기도

오늘도 내가 말씀 안에서 행할 일을 겸손히 깨닫게 하시고 남을 나보다 더 낫게 여기는 삶을 살게 하소서.

공동체를 위한 기도

사사들의 권력을 향한 욕심이 만들어낸 어두운 역사를 반면교사로 삼아, 세상 권력보다는 사명에 더욱 충실해가는 공동체가 되기를 원합니다.

전도대상을 위한 기도

하나님의 마음 알아가기

삶으로 실천하기

March
3/24
83

창세기 말라기

사사기 10~12장

진정한 지도자가 없다

Tong Point 사사 시대에 세워진 지도자들은 하나님의 율법으로 시대를 개혁하는 일을 소홀히 하여 하나님의 기대에 미치지 못했습니다.

찬양

눈을 들어 하늘 보라
새 찬송가 515장 〈통 256장〉

하나님의 마음 보기

야일이라는 사사가 있었는데, 그의 이력서는 다음과 같습니다. "그에게 아들 삼십 명이 있어 어린 나귀 삼십을 탔고 성읍 삼십을 가졌는데"(삿 10:4). 하나님의 말씀에 따라 백성을 이끌어야 할 지도자의 이력으로는 참으로 실망스러울 따름입니다.

그런가 하면, 또 다른 사사 입다는 '큰 용사'로 인정받는 사람이었습니다. 그는 이스라엘 민족이 광야 생활을 끝내고 가나안으로 들어올 때 있었던 역사적 사실들을 구체적으로 거론하며 암몬 왕의 잘못을 지적할 만큼 역사적인 통찰력을 갖추고 있었습니다. 하나님의 능력을 힘입었던 입다는 이스라엘 백성을 암몬 자손의 손에서 구해낼 수 있었습니다. 하지만 전쟁을 잘 치르는 능력만으로는 죄악에 빠진 이스라엘을 하나님 앞으로 인도해낼 수 없었습니다. 입다는 전쟁에서의 승리를 위해 "누구든지 내 집 문에서 나와서 나를 영접하는 그는 여호와께 돌릴 것이니"(삿 11:31)라는 경솔한 서원을 하였고, 그 결과 하나밖에 없는 딸을 바쳐야만 하는 상황에 처하게 됩니다. 그 후 입산, 엘론, 압돈으로 이어지는 사사들의 삶의 내용 또한 많은 아쉬움을 남기고 있습니다.

각 장의 중요 Point

10장 _ 잃어버린 나
11장 _ 필요한 그러나 준비되지 못한
12장 _ 어이없는 싸움!

나를 위한 기도

내가 가지고 있는 지위, 직함에 안주하지 않고 오히려 이를 통해 선한 행동으로 아름다운 열매를 맺는 삶을 살게 하소서.

공동체를 위한 기도

율법으로 시대를 개혁하지 못했던 사사들의 한계를 보면서, 우리 공동체 가운데 말씀의 능력으로 시대를 개혁하는 리더들이 세워지기를 원합니다.

전도대상을 위한 기도

하나님의 마음 알아가기

삶으로 실천하기

March
3/25
84

창세기 말라기

사사기 13~16장

나실인 삼손

Tong Point 나실인으로 태어나 놀라운 능력을 발휘하며 쓰임 받은 삼손이었지만, 하나님을 향한 마음을 지키지 못한 그의 마지막은 아쉬움으로 남습니다.

찬양

예수 말씀하시기를
새 찬송가 511장 〈통 263장〉

하나님의 마음 보기

여호와의 목전에 악을 행하는 이스라엘을 향해 하나님께서는 끊임없는 사랑으로 또다시 구원 계획을 세워 나가십니다. 계속해서 진정한 지도자를 찾으시는 하나님 앞에 삼손이 나실인으로서 준비됩니다. 그러나 삼손은 블레셋 여자를 아내로 맞이하러 가는 길에 사자의 주검에 있던 꿀을 떠서 먹습니다. 이는 부모, 형제, 자매가 죽은 때라도 시체를 가까이 하지 말라는 말씀(민 6:6-7)을 지키지 못하고 나실인의 규례를 어긴 것입니다.

삼손이 자신의 아내와 장인을 죽인 블레셋 사람들을 크게 쳐서 죽이고 삼손의 이러한 행동에 대해 화가 난 블레셋 사람들은 유다로 올라와 진을 치고 유다 사람들을 위협합니다. 삼손은 블레셋과의 싸움에서 승리를 거두지만, 20년 동안 사사로 있으면서도 하나님의 기대에는 미치지 못하는 모습을 보입니다. 결국 삼손은 이방 여인 들릴라의 유혹에 넘어가 힘의 비밀을 누설하여 블레셋에 잡히고 맙니다. 마지막으로 삼손은 하나님께 부르짖어 도우심을 구하지만 블레셋 사람들과 함께 죽어 아쉬운 모습으로 생을 마칩니다.

각 장의 중요 Point

13장 _ 히든카드
14장 _ 결혼식 피로연
15장 _ 삼손 약해!
16장 _ 기둥과 함께 사라지다

나를 위한 기도

하나님께서 주시는 능력을 겸손하게 사용하기를 원합니다. 오직 하나님의 영이 나의 삶을 인도하게 하소서.

공동체를 위한 기도

하나님을 향한 마음을 지키지 못했던 삼손의 모습이 아닌, 끝까지 하나님의 마음을 헤아리며 순종하는 아름다운 신앙 공동체가 되게 하소서.

전도대상을 위한 기도

하나님의 마음 알아가기

삶으로 실천하기

Worship
소그룹예배

사사들의 이야기

여호수아 23-24장, 사사기 1-16장

기도로 예배를 시작합니다.

이 시간, 우리가 함께 모여 하나님께 드리는 이 예배를 기뻐 받아주시고, 예배드리는 가운데 하나님의 마음과 뜻을 깨달아 알 수 있도록 지혜를 주소서.

함께 **찬양**을 부르세요.

"예수께서 오실 때에" 새 찬송가 564장(통 299장)

성경을 **소리 내어** 함께 읽고 오늘 본문의 **통通 이야기**를 들려주세요.

* 사사기 13장 1-14절

하나님께서 임신하지 못하던 마노아의 가정에 아들을 주셨습니다. 이 아버지는 아들을 잘 키우기 위해 아이를 어떻게 길러야 할지 하나님께 기도했습니다. 그리고 하나님의 말씀을 따라 '구별'된 사람으로 성장하도록 최선을 다했고, 아들은 훗날 이스라엘을 다스리는 사사가 되었습니다.

말씀을 통해 알 수 있는 하나님의 마음을 생각하며 함께 마음을 나눕니다.

* 하나님의 영광을 위해 현재 구하고 있는 (혹은 구하고 싶은) 기도 제목은 무엇입니까?

* 우리는 일터와 가정에서 하나님을 믿는 사람답게 살고 있습니까? 하나님의 백성으로 지켜야 할 점에 대해 이야기해봅시다.

서로 축복의 말을 함께 나눕니다.

"늘 빛과 소금처럼 구별되어 이웃에게 칭찬받는 인생이 됩시다."

함께 기도하며, 연이어 주님이 가르쳐주신 기도로 예배를 마칩니다.

우리에게 아름다운 가정과 교회를 주신 하나님 감사드립니다. 하나님을 사랑하는 크리스천답게 서로를 더욱 사랑하게 하시고 이 땅에서 빛으로 소금으로 구별된 삶을 살게 해주소서.

March
3/26
85

창세기 말라기

사사기 17~18장

기초가 무너진 사회

Tong Point 제사장 제도가 흔들리고 정체불명의 신앙이 등장했음을 보여주는 미가 이야기는 사회의 근본 기초가 무너져 있음을 보여줍니다.

찬양

이 세상에 근심된 일이 많고
새 찬송가 486장 〈통 474장〉

하나님의 마음 보기

사사기 17장 이후의 사사기 후반부에는 사사 시대의 사회상을 알려주는 이야기들이 기록되어 있습니다. 사사기 17-18장에 나오는 미가라는 사람의 이야기는 사사 시대 당시 사회가 얼마나 그 중심부터 무너져 있었는지 말해줍니다. 제사장과 레위인은 별도의 분깃 없이 백성들이 가져오는 제물의 일부분을 취하여 살아가도록 되어 있습니다. 그런데 사사 시대에는 제물을 내어놓는 사람들이 없어서 레위인들이 스스로 생계를 책임져야 했습니다. 때문에 제사장과 레위인은 하나님을 섬기는 데에 집중할 수 없었고, 시대는 더욱 하나님을 떠나갔습니다.

그런가 하면 백성을 대표하여 하나님을 섬겨야 할 제사장이 스스럼없이 우상을 가지고 다닙니다. 뿐만 아니라 단 지파에서는 제사장직을 무슨 권세 있는 자리인 양 제멋대로 부여하기도 했습니다. 그리고 미가의 집이나 단 지파의 사람들은 무조건 레위인을 시켜 제사만 드리면 그들에게 복이 내릴 줄로 생각했습니다. 하나님의 말씀이 무색해져버린 시대에 성소와 제사장의 의미 또한 퇴색되었습니다. 모세를 통해 주셨던 주의 계명과 율례와 법도의 올바른 실천과는 거리가 먼 모습들이었습니다.

각 장의 중요 Point

17장 _ 타락의 시대
18장 _ 아래로 아래로

나를 위한 기도

영적으로 혼탁한 시대에 하나님 말씀의 빛을 따라 살게 하시고 세상의 강함에 굴복하지 않게 하소서.

공동체를 위한 기도

사사 시대에 율법의 바른 실천이 없었기에 사회의 근본 기초가 무너졌음을 기억하고, 하나님의 말씀을 바르게 배워 실천하는 공동체가 되기를 원합니다.

전도대상을 위한 기도

하나님의 마음 알아가기

삶으로 실천하기

March
3/27
86

창세기 말라기

사사기 19~21장

원칙 없는 문제 해결

Tong Point 한 레위인의 첩의 죽음에서 시작되어 온 이스라엘을 전쟁으로 몰아간 한 사건은 사사 시대의 혼란상을 대표적으로 보여줍니다.

찬양

나는 갈 길 모르니
새 찬송가 375장 〈통 421장〉

하나님의 마음 보기

사사기 19-21장의 사건은 거룩한 사회를 세우기 위한 기초 제도가 무너지고 이스라엘의 죄악이 갈수록 커져감을 보여줍니다. 에브라임 산지 출신인 한 레위인에게 일어난 사건이 이스라엘 전체로 확대되고, 그 결과 베냐민 지파가 거의 멸망으로 치닫게 되었습니다. 소돔과 고모라의 죄악(창 19:1-11)을 몇 백 년이 지난 지금 반복하고 있는 것입니다. 삶의 방식이 저급했던 기브아의 불량배들, 복수심에 불타 사명을 잊어버린 레위인, 율법의 내용(신 19:11-13)을 무시하고 불량배들을 내놓지 않은 베냐민 지파 사람들로 인해 민족 공동체인 이스라엘이 동족끼리 살육하는 참상을 빚어낸 것입니다.

사사기의 마지막 장에 나오는 전쟁 사후처리는 더 당황스럽습니다. 전쟁에서 많은 사람이 죽고 베냐민 지파가 사라질 위기에 처한 것을 알게 된 이스라엘 백성은 어떻게든 열두 지파의 명맥을 유지하고자 옳지 못한 방법으로 베냐민 지파의 신부가 될 사람들을 구합니다. 하나님의 말씀과 상관없이 각자 자기 소견에 옳은 대로 살았던 사사 시대를 바라보시는 하나님의 마음을 생각하면, 안타깝고 참담하기 그지없습니다.

각 장의 중요 Point

19장 _ 그 어디에도 향기는 없었다
20장 _ 어두운 그림자
21장 _ 후회해도 소용없다

나를 위한 기도

오직 성경이 내 삶의 원칙이 되어서 모래알처럼 흩어지지 않고 견고한 인생으로 하나님께 영광 돌리며 살게 하소서.

공동체를 위한 기도

말씀 교육의 부재가 초래한 원칙 없는 문제 해결들을 보면서, 공동체가 말씀의 기준에 든든하게 서서 이 시대를 향해 명쾌한 대안들을 제시하게 하소서.

전도대상을 위한 기도

하나님의 마음 알아가기

삶으로 실천하기

March
3/28
87

창세기 말라기

룻기 1~4장

아름다운 율법의 구현

Tong Point 사사 시대, 베들레헴 마을에서 있었던 룻기 이야기는 하나님의 율법이 실제 삶의 현장에서 구현되는 아름다운 이야기입니다.

찬양

내가 매일 기쁘게
새 찬송가 191장 〈통 427장〉

하나님의 마음 보기

룻기는 어두운 사사 시대에 피어난 아름다운 들꽃 같은 이야기입니다. 베들레헴 땅에 살던 엘리멜렉 가족은 흉년을 피해 모압 땅으로 이주하였고, 아들들은 모압 여인과 결혼하였습니다. 하지만 얼마 못 가 남편도 잃고 두 아들도 잃은 나오미는 결국 하나님을 찾습니다. 고향 베들레헴으로 돌아가기로 결심한 나오미는 며느리들에게 재혼의 길을 터주고자 각자의 친정으로 돌아가라고 권합니다. 오르바는 친정으로 돌아가지만 룻은 나오미 곁을 지킵니다. 베들레헴에 도착한 룻은 자신과 어머니의 양식거리를 찾아 다른 사람들의 밭으로 나서고, 우연히 보아스의 밭에 다다릅니다. 하나님의 인도하심과 은혜였습니다.

보아스와 그 밭의 일꾼들이 하나님의 이름으로 인사를 주고받는 모습은 그 당시가 사사 시대임을 감안하면 범상치 않은 일입니다. 또한 보아스는 이방 여인인 룻을 배려하고 결국 룻을 자기 아내로 맞이하게 됩니다. 사사 시대임에도 불구하고 하나님의 말씀을 실천했던 보아스의 삶은 인간이 하나님의 율법을 준행하며 사는 것이 얼마나 복되고 아름다운지를 보여주는 샘플입니다.

각 장의 중요 Point

1장 _ 두 과부의 귀향
2장 _ 아름다운 만남!
3장 _ 두 여자와 한 남자
4장 _ 아하! 알고 보니

나를 위한 기도

하나님의 말씀을 삶의 현장에서 실천하며 살아간 보아스처럼 나의 삶 역시 하나님의 마음을 시원케 해드리게 하소서.

공동체를 위한 기도

하나님의 율법이 실제 삶의 현장에서 구현되는 아름다운 모습들이 이 시대와 사회 전체에 가득 채워지게 하소서.

전도대상을 위한 기도

하나님의 마음 알아가기

삶으로 실천하기

March
3/29
88

창세기 말라기

사무엘상 1~3장

준비되는 사무엘

Tong Point 하나님께서는 350여 년이라는 긴 불순종의 흐름을 끊고 시대를 새롭게 개혁할 하나님의 사람으로 사무엘을 선택하여 교육하십니다.

찬양

흑암에 사는 백성들을 보라
새 찬송가 499장 〈통 277장〉

하나님의 마음 보기

가나안에 정착한 이스라엘 백성이 신앙교육에 실패한 결과로 시대 전체가 350여 년 이상, 긴 어둠의 터널을 지나야 했습니다. 이어지는 사무엘상은 사사 시대의 어두운 고리를 끊고 시대를 개혁한 사무엘, 이스라엘의 초대 왕 사울, 그리고 그 뒤를 이어 준비되는 다윗의 이야기입니다.

어두운 사사 시대의 역사를 광명의 시대로 인도할 한 사람이 준비되고 있습니다. 한나가 하나님의 전에 와서 눈물로 기도하는데, 그 기도의 내용은 "아들을 주시면 내가 그의 평생에 그를 여호와께 드리고 삭도를 그의 머리에 대지 아니하겠나이다"(삼상 1:11)라는 것이었습니다. 한나는 기도하며 구한 대로 아들을 낳았으며, 서원한 대로 그 아들을 하나님께 바칩니다. 한나가 엘리의 아들들에 관한 나쁜 소문을 몰랐을 리 없습니다. 그럼에도 불구하고 한나는 하나님을 향한 믿음을 가지고 엘리에게 아들을 맡긴 것입니다. 이렇게 사무엘은 젖을 떼자마자 부모를 떠나 하나님의 사람으로 준비되기 시작합니다. 그 준비의 내용은 첫째, 엘리를 통한 율법 교육이며, 둘째, 홉니와 비느하스를 반면교사로 삼아 하나님 앞에 더욱 바로 서는 것이었습니다. 그 준비 뒤에는 어머니 한나의 간절한 기도가 있었습니다.

각 장의 중요 Point

1장 _ 긴 터널의 끝
2장 _ 대반전(大反轉)
3장 _ 새 시대의 여명(黎明)

나를 위한 기도

믿음을 가지고 기도한 한나처럼 하나님의 음성을 듣게 하시고 응답 받은 대로 실천하며 살게 하소서.

공동체를 위한 기도

사사 시대의 어두운 역사의 흐름을 바꾸시기 위해 사무엘을 선택하셨듯이, 이 시대에 하나님께 선택되어 쓰임 받는 우리 교회 공동체가 되기를 원합니다.

전도대상을 위한 기도

하나님의 마음 알아가기

삶으로 실천하기

March
3/30

89

창세기 말라기

사무엘상 4~7장

사무엘의 말씀 개혁운동

Tong Point 준비된 지도자 사무엘이 전국을 순회하며 시대부흥운동을 주도한 결과, 온 백성이 하나님을 사모하는 역사가 일어납니다.

찬양

새벽부터 우리
새 찬송가 496장 〈260장〉

하나님의 마음 보기

하나님의 말씀대로 홉니와 비느하스가 블레셋과의 전투에서 죽고, 그 소식을 전해들은 엘리도 죽습니다. 이제 준비된 지도자 사무엘이 혼신의 힘을 다하여 지속적으로 시대 부흥운동을 펼치기 시작합니다. 사무엘은 지난 과거의 어두운 역사를 씻어내고, 이스라엘을 다시 하나님을 섬기는 민족으로 바꾸는 일에 온 일생을 바칩니다. 그는 오랜 시간 하나님의 말씀을 들어본 일이 없는 백성들에게 하나님의 말씀을 들려주고자 전국을 순회하며 말씀을 선포하고, 바알과 아스다롯 같은 우상을 제하게 하며, 오직 여호와 하나님만을 섬기도록 백성들을 가르칩니다. 그 결과 "이스라엘 온 족속이 여호와를 사모"하는 역사가 일어납니다(삼상 7:2).

사무엘의 간절한 사역을 통해 모든 이스라엘 백성이 미스바에 모여 회개합니다. 블레셋이 쳐들어왔지만, 이스라엘 백성은 합심하여 기도함으로써 그들을 물리칩니다. 하나님의 말씀으로 새로워진 미스바세대가 탄생한 것입니다. 하나님의 역사를 듣고 믿고 체험한 이들이 결국 사사 시대 350여 년의 묵은 찌꺼기를 씻어냅니다. 이후에도 사무엘은 해마다 벧엘, 길갈, 미스바로 순회하며 지속적으로 하나님의 말씀을 가르칩니다.

각 장의 중요 Point

4장 _ 명가(名家)의 몰락
5장 _ 앉거나 눕지 못하고
6장 _ 벧세메스에서 생긴 일
7장 _ 드디어!

나를 위한 기도

나의 잘못에 대해 즉각적으로 회개할 수 있는 마음을 주시고 같이 기도하며 중보할 수 있는 믿음의 사람들을 만나게 하소서.

공동체를 위한 기도

준비된 지도자 사무엘을 통해 온 백성이 하나님을 사모하게 되었듯이, 한국 교회를 통해 우리 민족이 하나님을 사모하며 기대하는 민족이 되게 하소서.

전도대상을 위한 기도

하나님의 마음 알아가기

삶으로 실천하기

March
3/31
90

창세기 말라기

사무엘상 8~10장

제사장 제도와 왕정 제도

Tong Point 보다 좋은 제사장 제도를 버리고 왕정 제도를 고집한 이스라엘에게 하나님께서는 초대 왕으로 사울을 선택해 세워주십니다.

찬양

우리는 주님을 늘 배반하나
새 찬송가 290장 〈통 412장〉

하나님의 마음 보기

어느덧 하나님의 사람 사무엘도 늙어 지도자의 사명을 감당하기 어려워집니다. 그런데 안타깝게도 그의 아들들은 아버지의 모습을 따르지 못합니다. 그러자 이스라엘 백성이 다른 열방의 나라들처럼 이스라엘도 왕을 세우자고 요구합니다. 하나님께서는 이미 이스라엘 백성에게 '왕'이 중심이 되는 왕정 제도가 아닌, '하나님의 말씀'이 중심이 되는 제사장 제도를 주셨습니다. 이 제사장 제도는 하나님의 다스림이 살아있는 아름다운 사회를 위한 가장 좋은 제도입니다.

사무엘은 물론, 하나님께서도 이들의 결정에 대해 매우 실망하십니다. 그럼에도 불구하고 하나님께서는 백성들의 말을 들어주시고, 초대 왕으로 사울을 선택하십니다. 하나님께서 사울을 이스라엘의 왕으로 세우신 것은 그에게 그만한 자질이 있었기 때문입니다. 이스라엘이 지난 350여 년 동안 지파 중심의 제사장 제도로 유지되어 왔음을 잘 알고 있던 사울은 공식적으로 왕이 되었음에도 불구하고 급히 왕궁을 짓고 세력을 모으기보다는 고향으로 돌아가 예전처럼 농사를 지으며 적절한 기회가 오기를 기다리며 현명하게 처신합니다.

각 장의 중요 Point

8장 _ 우기고 또 우겨서
9장 _ 나귀 찾으러 가는 길
10장 _ 더도 말고 덜도 말고 처음만 같아라

나를 위한 기도

내가 바라는 것들을 하나님께 요구하기 이전에 하나님께서 오늘 나에게 바라시는 것이 무엇인지 먼저 생각하며 살게 하소서.

공동체를 위한 기도

제사장 나라를 세워가시는 하나님께서 왕정 제도를 허락하셔야만 했던 그 마음을 헤아리는 신앙 공동체가 되게 하소서.

전도대상을 위한 기도

하나님의 마음 알아가기

삶으로 실천하기

저자 조병호 박사

2004년 독일 신학사전 RGG[4]에 아티클 '세계기독학생선교운동(Studentische Missionsbewegung)'을 기고
2006년 영국 왕립역사학회(Royal Historical Society)에 스피커로 초청
2006년 삶의 방법론이자 새로운 성경 읽기의 방식으로서 '통(通)' 방법론 최초 주창
2008년 한국 신학자 140인 서울선언 '성경을 통通한 재정향'의 공동대표
2014년 '통通성경 포뮬라(Formula for TongBible)'를 발표
2016년 통바이블칼리지 통通성경학교 인터넷 120강의 강사
2017년 독일 비텐베르크 2017 CONGRESS 스피커 '종교개혁 500주년기념'
2021년 미국 글로벌처치 디비니티스쿨 이사
2022년 미국 통독바이블 앱 론칭
2022년 미국 통바이블 네트워크 설립
2025년 그리스 아테네 제2 예루살렘 공의회 CONGRESS 스피커 '교회창립 2,000년 기념'

성경통독원 원장, 통독교회 담임목사
미국 드루대학교 객원교수, 글러벌처치 네트워크 서울 허브 대표

장로회신학대학교 신학과 (Th.B. 신학사)
장로회신학대학교 신학대학원 (M.Div. 교역학석사)
연세대학교 연합신학대학원 (Th.M. 조직신학, 신학석사)
영국 에딘버러대학교 대학원 (Th.M. 선교신학, 신학석사)
영국 버밍엄대학교 대학원 (Ph.D. 역사신학, 철학박사)

베스트셀러 《성경과 5대제국》 – 2011 한국기독교출판문화상 대상 수상
《성경통독》 – 2005 한국기독교출판문화상 최우수상 수상
《통하는 사도행전 30년》 – 2020 한국기독교출판문화상 우수상 수상
《통성경 길라잡이 지도자 지침서》 – 2022 한국기독교출판문화상 우수상 수상
주요저서 《성경통독 레시피》, 《통숲 주석 세트》(전 12권), 《제사장 나라 하나님 나라》,
《消失的帝國》(中國 團結出版社/성경과 5대제국 중국판), 《성경과 고대전쟁》,
《성경과 고대정치》, 《신구약 중간사》, 《성경통독과 통通신학》 등 100여 종
편찬 《큰글자 일년일독 통通독성경》, 《역사순 통通성경》

1년 1독 성경통독 (1)

초판 1쇄 발행 2014년 12월 10일
8쇄 발행 2025년 11월 20일

지은이 · 조병호
펴낸곳 · 도서출판 **통독원**
디자인 · 전민영
주 소 · 서울시 강남구 선릉로 806
전 화 · 02)525-7794 / 팩 스 · 02)587-7794
홈페이지 · www.tongdok.net
등 록 · 제21-503호(1993.10.28)

ISBN 979-11-90540-69-8
979-11-90540-68-1 04230 (전 4권)

값 8,000원